Obst- und Gartenbauverlag München

Eva Schumann

Gartenprobleme – was tun?

Bayerischer Landesverband für Gartenbau und Landespflege e. V.

Herausgeber:
Bayerischer Landesverband für Gartenbau und Landespflege e. V.
Herzog-Heinrich-Straße 21, 80336 München, Deutschland

E-Mail:
info@gartenbauvereine.org

Internet:
www.gartenratgeber.de

Auflage:
4. Auflage 2011

ISBN:
ISBN 978-3-87596-109-6

Bearbeitung:
Text: Eva Schumann, Fotos: BBA 2, Bayerischer Landesverband für Gartenbau und Landespflege 109, Becker-Schaumberg 1, Beryl Armstrong - fotolia.com 1, Farkaschovsky 2, Forschungsanstalt für Gartenbau Weihenstephan 11, Hintermeier 3, Dr. Köhlein 1, Mühl 8, openlens - fotolia.com 1, Schuster 1

Reproduktion:
MMIntec GmbH, Am Windfeld 15, 83714 Miesbach

Druck:
Mayr Miesbach GmbH, Am Windfeld 15, 83714 Miesbach

Zu diesem Buch

Fast alle Gartenfreunde haben irgendwelche Probleme in ihrem Garten, nicht alles gedeiht so, wie man es sich wünscht: Beim einen sind die Äpfel „wurmig“, beim anderen wollen die Sommerblumen nicht so recht blühen, der nächste hat Moos im Rasen und noch ein Weiterer hat jedes Jahr kranke Rosen. Nur wer die Ursachen kennt – und dies sind nicht nur Krankheiten und Schädlinge, sondern auch Standort- und Pflegefehler – kann die richtigen Gegenmaßnahmen ergreifen bzw. Fehler vermeiden.

Die Broschüre hilft dem Garten- und Pflanzenliebhaber, die Ursachen zu erkennen, und zeigt ihm, was er besser machen oder welche Gegenmaßnahmen er ergreifen könnte.

Der erste Teil des Werkes ist nach Schadsymptomen wie Kümmern der Pflanze, Löcher in den Blättern, Schäden an den Blüten gegliedert, die zweite Hälfte zeigt die an den jeweiligen Kulturen im Gemüse-, Obst- und Ziergarten häufigsten Probleme mit Schadbenennung und -beschreibung, vorbeugenden Maßnahmen und direkten Bekämpfungsmöglichkeiten. Die Broschüre will dazu beitragen, dass die Freude am Garten durch unweigerlich auftretende Probleme nicht allzusehr beeinträchtigt wird.

Bayerischer Landesverband
für Gartenbau und Landespflege e. V.

Inhalt

Die wichtigsten Probleme im Obstgarten 58

Die wichtigsten Probleme im Ziergarten 68

Allgemeines

Richtig planen, pflanzen, pflegen

Viele Misserfolge mit Pflanzen werden nicht durch Krankheitserreger oder Schädlinge hervorgerufen, sondern sind ein Zeichen dafür, dass den Pflanzen irgendetwas nicht behagt.

Häufig ist der Standort falsch gewählt und die Pflanzen erhalten zu viel oder zu wenig Licht. Beispielsweise gehört das Gemüsebeet immer an einen offenen, sonnigen Platz im Garten, während viele Farne und Bodendecker ein schattiges Plätzchen unter Bäumen bevorzugen. Manchmal passt den Pflanzen der Boden nicht. So benötigen fast alle Rhododendron- und Azaleenarten einen sauren Boden. Viele Pflanzen reagieren empfindlich auf einen verdichteten Boden, der meist mit Staunässe einhergeht. Auch Moos im Rasen kann ein Zeichen von Staunässe sein.

Wer seinen Garten von vorneherein richtig plant und bei der Pflanzenauswahl die Bedürfnisse der Pflanzen mit einbezieht, erspart sich hinterher viele Probleme. Oft neigt man dazu, die Pflanzen bei der Neuanlage eines Gartens möglichst eng zu pflanzen, um von Anfang an einen Eindruck von Üppigkeit zu erzielen. Doch bald wird der Bestand zu eng, Regenwasser kann nicht mehr schnell genug abtrocknen. Als Folge können Pilzkrankheiten auftreten, die der Pracht schnell ein Ende machen. Besser ist es, etwas Geduld zu zeigen und die Pflanzweite nach dem Platzbedarf der ausgewachsenen Pflanze zu richten. Auch Gießen und Düngen müssen sich am Bedarf der Pflanzen orientieren, Pflegefehler können zu Pflanzenschäden, Minderwuchs und Blühunwilligkeit führen.

Auch ein kleiner Garten bietet unterschiedliche Standorte. Gemüse und Obst verlangen stets volle Sonne.

Klassische Schattenpflanzen wie Funkien oder Astilben bevorzugen dagegen den Gehölzrand.

Warum blüht meine Gartenpflanze nicht?

Meist liegen Standort- oder Pflegefehler vor:

Zu wenig Licht und Sonne

Stehen Pflanzen an einem zu dunklen Platz, bilden sie keine Blüten. Selbst schattenverträglichere Arten wie Kapuzinerkresse, Fuchsie, Fleißiges Lieschen, Funkie und viele andere sind im Vollschatten eher Blatt- als Blütenpflanzen. Entweder freut man sich dann an ihrem Grün oder man wählt im nächsten Jahr einen halbschattigen Standort, entfernt den Schattenverursacher oder lichtet ihn aus. Einige Balkon- und Kübelpflanzen können zunächst auch an einem geeigneteren Standort zum Blühen gebracht und dann umgestellt werden. Jedoch hält die Blütenpracht dann in der Regel nicht lange an.

Zu viel Stickstoff gedüngt

Stickstoff regt das Triebwachstum und die Laubbildung an. Bei zu hohen Stickstoffgaben schießen die Pflanzen ins Kraut und bilden keine Blüten. In diesem Fall sollten keine weiteren stickstoffhaltigen Dünger verabreicht werden.

Unsachgemäßer Schnitt

Magnolie, Sanddorn, Schneeball, Seidelbast, Zaubernuss oder Goldregen werden am besten gar nicht geschnitten.

Nur wenig ausgelichtet werden Felsenbirne, Flieder, Feuerdorn und Spierstrauch, regelmäßig ausgelichtet werden beispielsweise Deutzie (im Sommer nach der Blüte) und Forsythie (alle ein bis zwei Jahre).

Ein jährlicher starker Rückschnitt der letztjährigen Triebe im Frühjahr erfolgt bei Beetrosen und dem Schmetterlingsstrauch.

Am besten man informiert sich beim Fachmann oder im Fachbuch über geeignete Schnittmaßnahmen und -zeitpunkt.

Zu viele Nährstoffe: Am Kompost bildet die Kapuzinerkresse viel Kraut aber nur wenige Blüten.

Ob Zier- oder Obstgehölze: Falscher Schnitt führt zu Besenwuchs und verringert den Blütenansatz.

Ein Garten allein kann einen Igel nicht ernähren. Auch Nachbargärten müssen zugänglich sein.

Fledermäuse brauchen Verstecke. Man sollte deshalb Dachböden zugänglich halten.

Umweltgerechter Pflanzenschutz

Pflanzenschutz soll wirkungsvoll sein, aber nicht die Umwelt belasten. Auch bei Pflanzen gilt: Vorbeugen ist besser als Heilen! Neben der richtigen Planung, Pflanzung und Pflege ist die Förderung von Nützlingen im Garten eine wichtige vorbeugende Maßnahme. So sind Marienkäfer, Florfliegen, Schwebfliegen, räuberische Blumenwanzen und Schlupfwespen natürliche Feinde von Blattläusen und anderen Gartenschädlingen.

Je abwechslungsreicher ein Garten ist, desto mehr bietet er Nützlingen Lebensraum. Pflanzen, die Nützlinge in den Garten locken, sind Narzisse, Ringelblume, Bienenfreund, Tagetes, Schleifenblume oder blühende Gewürzpflanzen wie Kümmel, Beifuß und Liebstöckel. Florfliegen kann man Überwinterungshäuschen anbieten. Igel überwintern in Laubhaufen.

Müssen Pflanzenschutzmittel eingesetzt werden, sollten diese nützlingsschonend und umweltverträglich sein. Der Gartenfachhandel bietet inzwischen viele derartige Mittel an (z. B. Kaliseife- oder Rapsölpräparate).

Wie kann ich natürliche Feinde im Garten fördern?

Igel
Der Igel ist ein wichtiger Schneckenvertilger. Um Igeln einen Schlafplatz zu bieten, lässt man Laub unter Sträuchern, Hecken u. ä. liegen.

Fledermäuse
Fledermäuse ernähren sich von Insekten. Alte Bäume, Mauerspalten, zugängliche Dachböden und Scheunen gewähren den Tieren Unterschlupf. Im Gartenfachhandel werden auch Fledermaushöhlen angeboten.

Vögel
Alte Bäume, Hecken und Gebüsche bieten Brutmöglichkeiten, zusätzlich können Nistkästen aufgehängt werden.

Frösche und Kröten
Förderlich ist ein Gartenteich mit flachen Ufern. An Land finden die Tiere unter einer Laubschicht Unterschlupf.

Nützliche Insekten wie Marienkäfer, Laufkäfer, Florfliegen sowie andere Gliederfüßer
„Nützliche" Insekten- und Spinnentierarten ernähren sich von Insekten- und Spinnentierarten, die von uns als schädlich angesehen werden, weil sie unsere Kulturpflanzen angreifen. Stein- und Laubhaufen bieten Nützlingen gute Versteckmöglichkeiten. Blühende Pflanzen sind für viele von ihnen wichtige Pollen- und Nektarlieferanten,

Amphibien wie Frösche und Kröten brauchen flache Teichufer, um an Land gelangen zu können.

Nützliche Insekten kann man durch ihre Futterpflanzen in den Garten locken.

besonders die Frühjahrsblüher nach der Überwinterung. Da die Nützlinge auf Schädlinge angewiesen sind, dürfen direkte Bekämpfungsmaßnahmen nicht bereits bei der ersten Blattlaus eingeleitet werden, sondern erst, wenn wirklich ein Schaden zu befürchten ist.

Richtige Diagnose

Voraussetzung für einen Behandlungs- oder Bekämpfungserfolg ist die rechtzeitige und richtige Diagnose. Die Gieß- und Pflegearbeiten nutzt man auch zur kritischen Beurteilung seiner Pflanzen. Zusätzlich sollte man sich regelmäßige Kontrollgänge angewöhnen, bei denen man auch mal eine Lupe zur Hand nimmt. Jede Pflanze wird für sich begutachtet:

- Zeigt sie einen normalen Wuchs oder kümmert sie vor sich hin?
- Ist die Pflanze entsprechend der Jahreszeit gut belaubt oder liegen abgefallene Blätter am Boden?
- Ist die Blattfarbe gleichmäßig grün und sind die Blätter gesund?
- Fliegen beim Schütteln Schädlinge auf?
- Blattober- und -unterseiten werden genau auf Schädlinge und Krankheiten geprüft.

Oft können ähnliche Symptome ganz verschiedene Ursachen haben und erfordern unterschiedliche Gegenmaßnahmen.

Die Pflanze kümmert oder welkt

Fehler beim Pflanzenkauf

Zeigt die Pflanze bereits seit dem Erwerb oder kurz danach Kümmerwuchs oder welkt gar, hat man eventuell schlecht eingekauft oder sie auf dem Transport falsch behandelt.

Worauf man beim Pflanzeneinkauf achten sollte

Beet-, Balkon- und Kübelpflanzen sollen einen gedrungenen, typischen Wuchs zeigen und gut belaubt sein. Lange Triebe mit wenigen Blättern sind ein Hinweis, dass eine Pflanze unter ungünstigen Bedingungen herangezogen wurde. Sie wird auch bei guter Pflege kein Prachtexemplar mehr werden. Bis auf Kletterpflanzen oder „Stämmchenpflanzen", die angebunden sein dürfen, müssen sich die Pflanzen selbst tragen können. Pflanzen, die von unten her verkahlen, wurden falsch gepflegt oder sind krank.

Bäume sollen einen ausgewogenen Kronenaufbau und einen geraden Stamm, Sträucher eine dem Alter und der Art entsprechende Triebzahl haben. Beide sollten ausreichend Wurzelmasse besitzen, und falls sie veredelt sind, sollte die Veredelungsstelle gut verwachsen sein.

Gemüsejungpflanzen sollten noch ihre gesunden Keimblätter besitzen, Gurkenjungpflanzen sollten möglichst noch nicht blühen, sie wachsen dann besser an. Jungpflanzen von Tomaten kauft man mit Blütenansätzen.

Gut geführte Fachbetriebe sind die beste Gewähr für eine hohe Pflanzenqualität. Dies rechtfertigt auch einen höheren Preis.

Verzichten Sie auf Sonderangebote, wenn diese nicht einwandfrei sind. Pflanzen, die bereits Schäden wie welke Blätter, braune Knospen (häufig bei Eriken und Azaleen!) und ähnliches haben, sei es, weil vergessen wurde zu gießen oder weil sie zu kalt, zu warm oder zu dunkel aufgestellt wurden, werden auch zu Hause in der Regel nicht mehr schön. Das soll aber nicht heißen, dass man nicht auch im Supermarkt eine gesunde, schöne Pflanze zu günstigem Preis erwerben kann.

Kontrollieren Sie die Pflanze vor dem Kauf auf Schädlinge und Krankheiten, damit Sie nicht einen Patienten nach Hause bringen! Achten Sie besonders darauf, dass die Blätter keine halbmondförmigen Fraßstellen

Ballen- (links) und vor allem Containerpflanzen (rechts) bieten die beste Gewähr für gutes Anwachsen. Auch während der Vegetationszeit kann gepflanzt werden, da das Wurzelwerk kaum gestört wird.

vom Rand her haben. Dieser sogenannte Buchtenfraß weist auf einen Befall mit Dickmaulrüsslern hin. Die Larven fressen an den Wurzeln. Einmal im Garten, ist dieser flugunfähige Käfer schwer wieder loszuwerden.

Die Blattfarbe sollte sowohl im oberen als auch im unteren Bereich der Pflanzenart entsprechend sattgrün sein. Blattaufhellungen und -verfärbungen weisen auf Ernährungsmangel, andere Pflegefehler, Krankheiten oder Schädlingsbefall hin.

Die Pflanzen dürfen bei Sonnenschein nicht im Auto stehen gelassen werden. Hier klettert die Temperatur schnell auf weit über 30 °C, was Pflanzen schwer und dauerhaft schädigt.

Kälteempfindliche Pflanzen (z. B. Jungpflanzen für das Kleingewächshaus) werden auf dem Transport nach Hause keinesfalls Frost ausgesetzt, Gewächshausgurken möglichst nicht Temperaturen unter 12 °C.

Bei länger dauerndem Transport muss geprüft werden, ob die Ballenfeuchtigkeit ausreicht.

Wirklich gut gelingt die Jungpflanzenanzucht nur im Kleingewächshaus.

Fehler bei der Jungpflanzenanzucht

Pflanzen, die als Jungpflanzen Schaden oder Mangel erleiden, werden auch später in den seltensten Fällen zu Schönheiten oder bringen den gewünschten Ertrag. Eher kümmern sie dahin, bis ein Krankheits- oder Schädlingsbefall ihrem Dasein endgültig ein Ende macht.

Genau so kritisch, wie man beim Einkauf die angebotenen Pflanzen betrachtet, sollte man daher auch die selbst herangezogenen Pflanzen beurteilen. Nur einwandfreie, kräftige Jungpflanzen werden weiterverwendet.

Zimmeraussaaten müssen baldmöglichst auf dem Balkon oder im Freien abgehärtet werden.

Eine Aussaat in Einzeltöpfe erspart das spätere Pikieren.

Kranke Pflanzen und befallene Töpfe werden sofort aus dem Bestand entfernt.

Worauf man bei der Jungpflanzenanzucht achten sollte

Gemüse- und Sommerblumenjungpflanzen heranzuziehen lohnt sich nur, wenn man einen entsprechend temperierten und vor allem hellen Anzuchtplatz, z. B. ein Kleingewächshaus oder ein ausgebautes Blumenfenster hat. Pflanzen, die mit wenig Licht aufwachsen, werden lang und schwächlich. Sie werden als erstes ein Opfer von Krankheitserregern und Schädlingen.

Die Samen, die am schnellsten keimen und gesunde, entfaltete Keimblätter haben, werden später zu den kräftigsten Pflanzen und bringen den höchsten Ertrag. Daher nicht warten, bis auch das letzte Samenkorn gekeimt ist. Besser nur die ersten und kräftigsten Keimlinge weiterkultivieren.

Umfall- und Keimlingskrankheiten werden durch zu enge Saat begünstigt, daher nicht zu eng säen und frühzeitig pikieren. Ist der Schaden bereits da und man hat eine Pflanze schlechterer Qualität gepflanzt oder aufgestellt, und nun kümmert sie vor sich hin, lohnen sich in manchen Fällen Rettungsversuche.

Was also tun, wenn …

… eine Pflanze schwach ist und seit dem Kauf trotz guter Standortbedingungen nicht wachsen will?
Sind nicht Krankheiten oder Schädlinge für den Kümmerwuchs verantwortlich, werden Kübel- oder Balkonkastenpflanzen in frisches, nährstoffhaltiges Substrat getopft. Stellt man dabei fest, dass die Wurzeln braun und abgestorben sind, bleibt nur noch das Wegwerfen der Pflanze. Auch wenn die Pflanzen in den Gartenboden gepflanzt sind, sollte man vorsichtig die Wurzeln kontrollieren. Sind sie gesund, kann eine Düngung mit einem stickstoffbetonten Volldünger das Wachstum anregen.

… die Pflanze von unten verkahlt ist?
Manchmal hilft ein kräftiger Rückschnitt, um die Seitentriebbildung von unten anzuregen. Zusätzlich werden auch in diesem Fall mit einem stickstoffhaltigen Volldünger der Pflanze Nährstoffe zum Aufbau zur Verfügung gestellt.

… die Pflanze auf dem Transport einen Schaden erlitten hat?
Abgebrochene und angebrochene Pflanzenteile werden bis unterhalb der Bruchstelle entfernt. Dasselbe gilt für Pflanzenteile, die durch Hitze oder Kälte abgestorben sind.

Kräftiger Rückschnitt bis ins gesunde Gewebe regt meistens den Neuaustrieb an, sofern nicht auch Wurzeln und verholzte Teile bereits abgestorben sind.

Falsch gepflanzt

War die Pflanze bis sie gepflanzt wurde noch schön, und begann sie bald danach zu kümmern, liegt die Ursache dafür vermutlich in einem Fehler bei der Pflanzung.

Wie pflanzt man fachgerecht?

Robuste laubabwerfende Gehölze, Nadelgehölze und immergrüne Laubgehölze, Stauden und frühjahrsblühende Blumenzwiebeln pflanzt man am besten im Herbst. Im Frühjahr werden frostempfindliche oder wärmebedürftige laubabwerfende Gehölze wie beispielsweise Pfirsich, Aprikose und Walnuss gepflanzt, jedoch ist in Regionen mit milden Wintern auch für diese die Herbstpflanzung vorzuziehen.

Die Pflanzen sollten möglichst schnell an ihren Bestimmungsort gepflanzt werden. Ansonsten müssen Gehölze in Erde eingeschlagen und gewässert werden. Pflanzen lange mit den Wurzeln in Wassergefäßen aufzubewahren, ist jedoch nicht ratsam. Auch Rosen werden höchstens zwei Stunden gewässert.

Gehölze benötigen ein Pflanzloch, welches mindestens doppelt so groß wie das Wurzelwerk ist. Der Untergrund darf nicht wasserstauend sein. Der Aushub wird mit

Obstbäume pflanzt man, wenn sie unbelaubt sind und der Boden nicht gefroren ist.

Die Besuchergärten in Weihenstephan demonstrieren die verschiedenen Erziehungsmethoden.

Gartenkompost verbessert. Moorbeetpflanzen wie Rhododendron, Lavendelheide, Scheinbeere und Gartenheidelbeere benötigen einen sauren Boden (Rhododendronerde, ungedüngter Torf oder mit ungedüngtem Torf versetzte Gartenerde). Beschädigte und abgestorbene Wurzeln werden vor der Pflanzung entfernt. Die Pflanzen werden so tief gepflanzt, wie sie auch vorher standen, Rosen, Flieder, Clematis und Beerenobst etwas tiefer. Die Veredlungsstelle bei Obstgehölzen sollte eine Handbreit über der Erde bleiben. Blumenzwiebeln werden je nach Größe etwa 5 bis 12 cm tief gepflanzt.

Bei Ballenpflanzen verbleibt das Ballentuch an den Wurzeln, es wird jedoch aufgeknotet oder aufgeschnitten. Rosen werden nach dem Pflanzen etwa 20 cm hoch angehäufelt, diese Abdeckung wird jedoch nach dem erfolgreichen Anwachsen im Frühjahr entfernt.

Obstgehölze auf schwachwüchsigen Unterlagen, Stämmchenpflanzen und Pflanzen mit schwachen Wurzeln werden an einen Pfahl angebunden, der bereits vor dem Pflanzen in den Boden eingeschlagen wird.

Obstsorten auf schwachwachsenden Unterlagen brauchen zeitlebens einen Pfahl.

Nach dem Pflanzen wird gut gegossen, und nach dem Zusammensacken noch etwas Erde aufgefüllt.

Mit der Pflanzung werden keine Mineraldünger verabreicht. Man verzichtet auch auf ein Antreten, außer bei sehr leichtem Boden.

Ein eventueller Pflanzschnitt (Obstgehölze, einige sommerblühende Sträucher) wird erst im Frühjahr durchgeführt.

Ausnahmen sind Pflanzen, die im Topf oder Kübel verkauft werden. Sie können ganzjährig außerhalb der Frostperioden gepflanzt werden. Kunststoffgefäße werden vor der Pflanzung entfernt. Verrottbare Blumentöpfe aus Altpapier oder ähnlichem Material werden mit eingepflanzt, jedoch an mehreren Stellen vorher eingerissen.

Falls ein Fehler beim Pflanzen die mutmaßliche Ursache für das Kümmern ist, sollte man die Pflanze noch einmal ausgraben, abgestorbene Wurzeln und kränkelnde oberirdische Teile entfernen und neu pflanzen.

In gefährdeten Gebieten empfiehlt sich ein Wühlmauskorb aus Maschendrahtgeflecht.

Zu viel oder zu wenig Licht

Auch ein ungeeigneter Platz hinsichtlich des artspezifischen Lichtbedarfs kann eine Ursache für das Kümmern und Kränkeln einer Pflanze sein. Die meisten unserer Gartenpflanzen vertragen oder benötigen volles Sonnenlicht. Lichtmangel lässt junge Pflanzen lang und schwach werden und ältere dahinkümmern. Oft verlieren sie nach einiger Zeit ihre Blätter oder werden eine leichte Beute von Krankheiten und Schädlingen. Zudem bilden sonnenhungrige Pflanzen im Schatten meistens keine Blüten. Andererseits können empfindliche Pflanzen, die der prallen Sonne ausgesetzt sind, Verbrennungsschäden erleiden.

Begonie

Fleißiges Lieschen

Sommerblumen für schattige und halbschattige Plätze – eine Auswahl

Schattige und halbschattige Standorte sind im Garten am schwierigsten zu begrünen. Lichthungrige Pflanzen verkümmern hier. Die folgenden Tabellen geben Beispiele für halbschatten- und schattenliebende bzw. -verträgliche Pflanzen.

Name	Blütenfarbe	Blütezeit	Bemerkungen/Sonstiges
Begonie *Begonia*-Arten	rot, rosa, weiß	ab Mai bis Herbst	für Schatten, Halbschatten und lichten Schatten, verträgt auch volle Sonne
Pantoffelblume *Calceolaria integrifolia*	gelb, rot	ganze Sommersaison, regelmäßig ausputzen	für Halbschatten oder Sonne
Fuchsie *Fuchsia*-Hybriden	rot, rosa, weiß, violett, auch zweifarbig	ganze Sommersaison	je nach Sorte straff aufrecht stehend, überhängend oder hängend; vor allem für Schatten und Halbschatten; kann bei etwa 5–10 °C überwintert werden
Fleißiges Lieschen *Impatiens walleriana*	weiß, rosa, pink, orange, rot, violett, auch gestreift	ganze Sommersaison	für Schatten, Halbschatten und lichten Schatten, verträgt auch sonnige Standorte
Männertreu *Lobelia erinus*	blau, hellblau, weiß	ganze Sommersaison	polsterartiger Wuchs; für Halbschatten und Sonne
Duftsteinrich *Lobularia maritima*	weiß, rosa, blau, violett	ab Mai bis Herbst	bildet dichten Blütenteppich; für Halbschatten und Sonne
Petunie *Petunia*-Hybriden	rot, rosa, blau, lila, violett, weiß	ganze Sommersaison	zunächst aufrecht, später überhängend; bevorzugt zwar volle Sonne, gedeiht aber auch im Halbschatten
Harfenstrauch *Plectranthus fruticosus*	Blattschmuckpflanze mit schöner Blattzeichnung	Zierwirkung die ganze Sommersaison	lange herabhängende Triebe, schön für gemischte Balkonkästen; für alle Standorte geeignet
Husarenknöpfchen *Sanvitalia procumbens*	gelb	Mai bis Herbst	bodendeckend oder überhängend (in Gefäßen); verträgt Halbschatten, gedeiht aber am besten in voller Sonne

Eisenhut

Schaumblüte

Storchschnabel

Gartenstauden für den Schatten und Halbschatten – eine Auswahl

Name	Blütenfarbe	Blütezeit	Bemerkungen/Sonstiges
Eisenhut *Aconitum napellus*	blau	Juli bis August	90 cm hoch; bevorzugt Halbschatten
Buschwindröschen *Anemone blanda, A. nemorosa*	weiß, hellblau, rosa weiß	März	15 cm hoch; vor allem für lichten Schatten und Halbschatten
Waldglockenblume *Campanula latifolia*	blau, weiß	Juli	90 cm hoch; für Halbschatten und lichten Schatten
Elfenblume *Epimedium grandiflorum*	gelb, rot	April bis Mai	30 cm hoch; bodendeckende Halbschattenstaude
Waldmeister *Galium odoratum*	weiß	Mai	20 cm hoch; bodendeckende Staude für Schatten und Halbschatten
Storchschnabel *Geranium*-Arten	rosa, lila	Mai bis Oktober	20 bis 50 cm hoch; für den Halbschatten oder für sonnige Plätze
Leberblümchen *Hepatica nobilis*	blau	März bis April	10 cm hoch; für Schatten oder Halbschatten
Purpurglöckchen *Heuchera*-Arten	rosa, rot	Juni bis August	40 cm hoch; für halbschattige und sonnige Standorte, bodendeckend
Funkie *Hosta*-Arten	lila, weiß	Juni bis August	20 bis 80 cm hoch je nach Art; für Schatten (meist ohne Blüte) und Halbschatten
Gedenkemein *Omphalodes verna*	blau	April bis Mai	15 cm hoch; für Schatten und Halbschatten
Schaumblüte *Tiarella cordifolia*	weiß	April bis Juli	15 bis 25 cm hoch; Bodendecker für Schatten bis Halbschatten

Felsenbirne

Zierquitte

Clematis

Ziergehölze für Schatten, Halbschatten (auch Bodendecker, Kletterpflanzen) – eine Auswahl

Name	Blütenfarbe	Blütezeit	Bemerkungen/Sonstiges
Felsenbirne *Amelanchier*-Arten	Blüte weiß; rot, schwarze, essbare Beeren	April bis Mai	je nach Art bis 7,5 cm hoch; für sonnige bis halbschattige Plätze
Berberitze *Berberis*-Arten	Blüte gelb oder orange Beeren rot oder schwarz	je nach Art April bis Juni	immergrün, für Tiefschatten *B. julianae* (Höhe 1,5 m) für Halbschatten *B. buxifolia* (Höhe 0,5 m), *B. x stenophylia* (bis 2 m) oder *B. verruculosa* (bis 1,5 m)
Buchsbaum *Buxus sempervirens*	unscheinbar gelblich-grün blühend	April	bis zu 4,5 m hoher, immergrüner Strauch für Sonne bis Schatten
Zierquitte *Choenomeles*-Arten	rosa bis dunkelrote Blüte Früchte gelblich, essbar	März bis April	bis zu 3 m hoch, für Sonne bis Halbschatten
Waldrebe *Clematis*-Arten	Blüte in allen Farben	Blütezeit je nach Art	Kletterpflanze für Sonne bis Halbschatten, liebt einen kühlen Fuß
Hartriegel *Cornus*-Arten	gelb, weiß (Hochblätter) blühend/Früchte rot, schwarz	Blütezeit je nach Art	*C. alba* (3–4 m hoch), hat auffällig rote Triebe; fast alle Arten vertragen auch Halbschatten, teilweise auch Vollschatten
Haselnuss *Corylus avellana*	goldgelbe Kätzchen	Februar bis März	bis 6 m hoch; für Halbschatten und sonnige Standorte
Felsenmispel, Zwergmispel *Cotoneaster*-Arten	Blüten weiß bis rötlich/ auffällig rote, orange oder gelbe Beeren	Mai bis Juni	je nach Art zwischen 0,6–6 m hoch; vertragen Sonne bis Halbschatten; laubabwerfende und immergrüne Arten

Felsenmispel

Deutzie

Weigelie

Ziergehölze für Schatten, Halbschatten (auch Bodendecker, Kletterpflanzen) – Fortsetzung

Name	Blütenfarbe	Blütezeit	Bemerkungen/Sonstiges
Deutzie *Deutzia*-Arten	weißblühend	Mai bis Juli	je nach Art 1–3 m hoch; für sonnige und halbschattige Standorte
Pfaffenhütchen *Euonymus*-Arten	Blüten gelblich-grün/ sehr attraktiver Fruchtschmuck in Rot-Orangetönen	Mai bis Juni	Höhe je nach Art bis 6 m; für Sonne bis (Halb-)Schatten. Die kriechende, immergrüne Art *E. fortunei* eignet sich als Bodendecker und Kletterpflanze auch für tiefen Schatten. Alle Pflanzenteile von *E. europaea* sind giftig.
Goldglöckchen *Forsythia*-Arten	gelbblühend	März bis April	je nach Art bis 6 m hoch; für Sonne bis Halbschatten
Scheinbeere *Gaultheria*-Arten	Blüten weiß oder rosa roter Beerenschmuck	je nach Art von Mai bis August	guter Bodendecker auf kalkfreien Böden (Moorbeetpflanze) im Halbschatte
Efeu *Hedera helix*	blüht nach 8–10 Jahren Früchte rötlich violett, später schwarzblau	September bis Oktober	Bodendecker und Kletterpflanze, Früchte und Blätter sind giftig; verträgt auch tiefen Schatten
Dickanthere *Pachysandra terminalis*	weiße Blütenbüschel	April	immergrüner, bodendeckender Kriecher für Schatten und Halbschatten
Immergrün *Vinca minor*	blaublühend	April bis Juni	Bodendecker für den Halbschatten
Weigelie *Weigela*-Arten	rosa bis rote Blüten	Mai bis Juli	bis 2,5 m; für Sonne und Halbschatten

Ungeeignetes Klima

Eine Pflanze kümmert an einem für sie klimatisch ungünstigen Standort. Sie trägt keine Blüten und Früchte oder geht mehr oder weniger schnell ganz zugrunde.

Im mitteleuropäischen Raum sind vor allem die winterlichen Temperaturen der beschränkende Faktor. Problematisch ist nicht immer nur die tiefste Jahrestemperatur, sonder häufig auch, dass der Zeitpunkt der Blüte in die Spätfrostperiode fällt. Wer Pflanzen aus wärmeren Lagen trotz klimatisch ungünstigem Standort in seinem Garten haben möchte, hält diese am besten als Kübelpflanzen. Das heißt, im Sommer erhalten die Pflanzen einen Platz im Freien, überwintert werden sie im ungeheizten oder frostfreien Gewächshaus oder Wintergarten, je nach Art und Anspruch. Am Sommerstandort können diese Pflanzen auch direkt in ein Beet gepflanzt werden.

Gerade beim Obstanbau im Hausgarten sind viele Misserfolge darauf zurückzuführen, dass klimatisch ungeeignete Arten und Sorten gewählt wurden. Zwar werden auch Obstgehölze als Kübelpflanzen angeboten, die man im kalten Gewächshaus überwintert, in vielen Fällen kann dem Problem aber auch mit der Wahl widerstandsfähigerer Sorten für die Pflanzung im Garten abgeholfen werden.

'Danziger Kantapfel' - Genussreife von Oktober bis Januar

Obstsorten für rauere Standorte (Beispiele)

Apfel
- 'Jakob Fischer'
- 'Danziger Kantapfel'
- 'Prinz Albrecht von Preußen'
- 'Grahams Jubiläumsapfel'
- 'Schöner von Wiltshire'
- 'Rewena'
- 'Piros'

'Gellerts Butterbirne' - Genussreife von September bis Oktober

Birne
- 'Salzburger Birne'
- 'Gute Graue'
- 'Gellerts Butterbirne'

Quitte
- 'Konstantinopeler' (Apfelquitte)
- 'Champion' (Birnenquitte)
- 'Cydora'

Kirschen
- 'Merton Glory' (Süßkirsche)
- 'Lapins' (Süßkirsche)
- 'Sam' (Süßkirsche)
- 'Schwäbische Weinweichsel' (Sauerkirsche)

Steinobst
- 'Bühler Frühzwetschge'
- 'Mirabelle von Nancy'
- 'Ouillins Reneklode'
- 'Ungarische Beste' (Aprikose)
- 'Amsden' (Pfirsich)
- 'Cumberland' (Pfirsich)
- 'Proskauer' (Pfirsich)

Viele Obstgehölze werden veredelt. Auf einer stark wachsenden Unterlage wird ein und dieselbe Obstgehölzsorte größer als auf einer schwach wachsenden Unterlage. Für kleine Gärten müssen meist schwach wachsende Unterlagen verwendet werden. Schwache Unterlagen haben zwar den Vorteil, dass der Baum eher beginnt, Früchte zu tragen, nachteilig ist allerdings, dass Sorten auf schwachen Unterlagen empfindlicher sind. Je stärker die Unterlage ist, desto weniger empfindlich reagiert die Pflanze auf Trockenheit, Nässe, Kälte, schlechte Bodeneigenschaften, Krankheiten und Schädlinge.

Die Schwarze Johannisbeere 'Titania' ist robust und trägt besonders reich.

Beerenobst

'Rondom' (rote Johannisbeere)
'Titania' (schwarze Johannisbeere)
'Invicta' (Stachelbeere)
'Rutrago' (Himbeere)
'Weiki' (kleinfrüchtige Kiwi)

Tafeltrauben

'Zalagyöngye' (gelb)
'Lakemont' (hellgrün)
'Muskat Bleu' (blau)

Bodenprobleme

Wenn Pflanzen nicht richtig gedeihen, kann es am Boden liegen. Schwere, tonig-lehmige Böden sind schlecht durchlüftet, neigen zum Vernässen, erwärmen sich im Frühjahr langsam und sind schwer zu durchwurzeln.

Leichte Böden mit einem hohen Sandanteil haben eine gute Wasserdurchlässigkeit, sind gut durchlüftet, leicht zu bearbeiten und erwärmen sich frühzeitig, haben aber den Nachteil, dass sie ein schlechtes Wasserhaltevermögen haben können und arm an Nährstoffen sind, was jedoch durch Gießen und Düngen ausgeglichen werden kann.

Geeignet für schwere Böden: die ökologisch besonders wertvollen Ebereschen

Beispiele für Gehölze, die sich auch für schwere Böden eignen

Name	Eigenschaft
Spitzahorn (*Acer platanoides*)	Baum bis 30 m Höhe
Silberahorn (*Acer saccharinum*)	Baum bis 30 m Höhe
Zierquitte (*Choenomeles*-Arten)	Sträucher, je nach Art bis 3 m hoch
Waldrebe (*Clematis montana, C. vitalba*)	Kletterpflanzen
Kornelkirsche (*Cornus mas*)	Strauch, bis 7 m hoch
Haselnuss (*Corylus avellana*)	Strauch, bis 7 m hoch
Zwergmispel (*Cotoneaster*-Arten)	Sträucher in unterschiedlichen Höhen
Weißdorn (*Crataegus crus-galli, C. x prunifolia*)	Sträucher, 5 bis 9 m hoch
Deutzie (*Deutzia*-Arten)	Sträucher, versch. Größen, je nach Art, Sorte
Buche (*Fagus sylvatica*)	Baum bis 30 m Höhe
Goldglöckchen (*Forsythia*-Arten)	Strauch, bis 4 m hoch
Walnuss (*Juglans regia*)	Baum bis 30 m Höhe
Kolkwitzie (*Kolkwitzia amabilis*)	Strauch, bis 3 m hoch
Kobushi-Magnolie (*Magnolia kobus)*	kleiner Baum, bis 10 m hoch
Vogelkirsche (*Prunus avium*)	Baum, bis 20 m Höhe
Salweide (*Salix caprea*)	Baum, 2 bis 8 m hoch
Holunder (*Sambucus nigra*)	Strauch, bis 7 m hoch
Eberesche (*Sorbus aucuparia*)	Baum, 6 bis 12 m Höhe
Prachtspiere (*Spirea x vanhouttei*)	Strauch, bis 3 m hoch

Bodenverbesserung

Im gesamten Garten sollte regelmäßig etwas zur Erhaltung bzw. zur Anhebung der Bodenqualität getan werden. Geeignete Maßnahmen sowohl bei leichten, bei normalen als auch bei schweren Böden sind die Ausbringung von Kompost, Aussaat von Gründüngungspflanzen, Einarbeitung von Ernterückständen (wenn die Pflanzen gesund waren) und bei schweren Böden unter Umständen auch Kalkgaben (jedoch nur nach vorheriger Bodenuntersuchung).

Gartenkompost ist reich an Nährstoffen, sein genauer Nährstoffgehalt ist jedoch unterschiedlich, weil abhängig vom Ausgangsmaterial.

- Für jede Gemüsekultur rechnet man mit 1 bis 5 l pro m^2 und Jahr, je nachdem ob es sich um ein stark-, mittel- oder schwachzehrendes Gemüse handelt
- Obstbäume und Beerensträucher, Ziergehölze und Erdbeeren erhalten 1 bis 3 l Kompost pro m^2 und Jahr
- Rasenflächen werden mit 1 bis 2 l Kompost pro m^2 und Jahr übersiebt
- Neuanlagen dürfen einmalig bis zu 15 l Kompost pro m^2 erhalten.
- Bei der Pflanzung von Sträuchern und Bäumen wird der Erdaushub mit einem Teil Kompost zu 4 Teilen Gartenerde vermischt und das Pflanzloch damit gefüllt

Stallmist ist in Gärten mit Kompostwirtschaft überflüssig, ansonsten wird nur jeweils die Hälfte der für Kompost angegebenen Mengen verabreicht. Um Böden nicht zu „überdüngen“, sollte alle 3 bis 5 Jahre für jeden Bereich eine Bodenuntersuchung durchgeführt werden.

Ursache für schlechtes Pflanzenwachstum ist manchmal, daß der pH-Wert (Maßzahl für den Säuregrad des Bodens) nicht passt. Der optimale pH-Wert ist von der

Bodenverbesserung durch Kompost

Bodenverbesserung durch Gründüngung

Das Gießen in eingesenkte Töpfe schont die Bodenstruktur.

Erwärmtes Gießwasser, z. B. aus der Wassertonne, bekommt den Pflanzen am besten.

Pflanzen- und von der Bodenart abhängig. Die meisten Gartenpflanzen wünschen einen schwach sauren bis neutralen Boden mit einem pH-Wert zwischen 5 bis 7 je nach Bodenart. Ausnahmen sind Moorbeetpflanzen wie Rhododendron, Heidelbeeren u. a., die einen sauren Boden benötigen.

Ist der pH-Wert zu niedrig, kann er mit Kalkgaben erhöht werden. Den genauen Kalkbedarf erhält man durch eine Bodenuntersuchungsanstalt. Liegt der pH-Wert zu hoch, enthält der Boden bereits zuviel Kalk. Dann werden nur noch sauerwirkende Dünger eingesetzt, da zuviel Kalk die Spurenelemente im Boden festhält und dies an den Pflanzen zu Mangelsymptomen führen kann.

Ein anderes, häufiges Bodenproblem ist Staunässe. Ist der Boden ständig zu nass, weil tiefere Schichten wasserstauend sind (zum Beispiel bei verdichteten Böden), müssen diese durch Tieflockerung aufgebrochen und/oder mit Ablaufhohlräumen (Rohrdränung oder Erddränung) für Wasserabfluss gesorgt werden.

Fehler beim Gießen

Steht eine Pflanze über einen kürzeren oder längeren Zeitraum (die Verträglichkeit ist von der Pflanzenart und anderen Faktoren abhängig) zu trocken oder zu nass, werden die Wurzeln geschädigt und sie können ihre Aufgaben nicht mehr erfüllen. Die Pflanzen zeigen daher auch bei zu viel Wasser Welkeerscheinungen, da die Wurzeln nicht mehr in der Lage sind, Wasser aufzunehmen und weiterzuleiten. Sowohl bei anhaltendem Wassermangel als auch -überschuss sterben die Pflanzen ab. Selbst wenn der Wassermangel oder -überschuss nach einiger Zeit wieder behoben wird, bedeutet diese Situation Stress für die Pflanze, häufig kann sie sich danach nicht mehr optimal weiterentwickeln, sie verliert Blätter und Blüten und geht unter Umständen sogar nach und nach ein.

Gießregeln

- Der Boden soll leicht feucht, aber nicht nass gehalten werden
- Auf leichten Böden häufig in kleinen Mengen gießen, auf schweren Böden selten, aber durchdringend
- Gießen nach Möglichkeit im Wurzelbereich, nicht über die Pflanzen
- Gezieltes Bewässern hält Pflanzen gesünder, weil sich Pilzkrankheiten auf trockenen Pflanzen nicht ansiedeln können, spart Wasser und verringert das Unkrautproblem
- Der beste Gießzeitpunkt ist morgens. Benetzte Pflanzen trocknen einerseits relativ schnell ab und andererseits ist der Boden noch kühl und kann Wasser gut aufnehmen.

Düngefehler

Gesundes Pflanzenwachstum setzt voraus, dass alle notwendigen Nährstoffe und Spurenelemente in ausreichender Menge und im geeigneten Verhältnis zueinander vorhanden sind. Die Nährstoffe dürfen im Boden jedoch nicht zu stark konzentriert sein, da sonst die Wurzeln Schaden nehmen und ihre Aufgaben nicht mehr erfüllen können. Überdüngung kann eine Ursache für Schäden an den Wurzeln und damit für Wachstumshemmungen und Absterbeerscheinungen sein.

Auskunft, ob der Boden mit Nährstoffen überversorgt („versalzt") ist, gibt eine Bodenuntersuchung. Die Düngung muss sich am Bedarf der Pflanze und den Vorräten im Boden orientieren. Auch der Nährstoffgehalt von Kompost- und Stallmistgaben ist zu berücksichtigen.

Die auf der Verpackung angegebenen Ausbringungsmengen und Mischungsverhältnisse sollten nicht überschritten werden. Flüssigdünger und lösliche Dünger werden nicht über 0,2 bis 0,3 % konzentriert (das entspricht einer Menge von 2 bis 3 g bzw. ml pro Liter Gießwasser). Bei empfindlichen Pflanzen und bei regelmäßiger Flüssigdüngung (zum Beispiel einmal wöchentliche Flüssigdüngung von Balkonpflanzen) sollte der Düngeranteil nur etwa 0,1 bis 0,2 % sein.

Auch Nährstoffunterversorgung kann die Ursache für eine schlechte Pflanzenentwicklung sein. Bei Stickstoffmangel stockt das Pflanzenwachstum, die Blätter hellen sich, mit den älteren beginnend, auf und fallen dann oft auch ab. Vorsicht: Ähnliche Symptome werden oft auch durch Staunässe im Wurzelbereich und Spinnmilben- oder Thripsbefall hervorgerufen. Um akuten Stickstoffmangel zu beheben, eignen sich Blattdünger. Keinesfalls geeignet zur Stickstoffnachdüngung ist Kalkstickstoff.

Pflanzenschäden, hervorgerufen durch zu viel Dünger im Boden: Links oben: mangelnde Standfestigkeit bei Stauden durch Stickstoff-Überschuss; links unten: Salzschäden durch Nährstoffüberschuss an Salat; oben: Schopfbildung bei Tomaten durch zu viel Stickstoff.

Bei seiner Umsetzung entstehen pflanzenschädliche Stoffe. Zwischen der Ausbringung von Kalkstickstoff und der Pflanzung müssen je nach Jahreszeit 1–4 Wochen (je kühler die Witterung, desto länger die Wartezeit) verstreichen, so dass sich die pflanzenschädliche Wirkung auf das vorher keimende Unkraut beschränkt. Kalkstickstoff ist langsam wirkend und hat eine deutliche Kalkwirkung.

Ein häufiger Fehler beim Düngen ist die Fehleinschätzung der Düngermenge. Man sollte die erforderliche Menge einmal abwiegen und diese als Muster verwenden. In diesem Fall entspricht ein Teelöffel des Granulates 40 g.

Bakteriosen und Pilzkrankheiten an Wurzeln und Stängeln

Werden Wurzeln oder Stängel geschädigt, können sie nicht mehr oder nur beschränkt ihre Aufgaben erfüllen, nämlich Wasser und Nährstoffe aufnehmen und zu den Trieben, Blättern und Blüten leiten. Als Folge kümmern und welken die Pflanzen auch oberirdisch und gehen in den meisten Fällen bald ein. Verschiedene Bakterien und Pilzkrankheiten verursachen derartige Schäden. Oft wird ihr Auftreten durch ungünstige Kulturbedingungen wie Nässe oder Bodenkälte gefördert.

Der Bakterienkrebs (*Agrobacterium tumefaciens* und andere) verursacht Wucherungen vor allem an den Wurzeln von Begonien, Chrysanthemen, Oleander, Rosen und anderen Pflanzen.

Pilze wachsen überall, wo es warm und feucht ist. Beste Keimbedingungen für die Pflanzen fördern auch die Entwicklung der Schadpilze.

Keimlingskrankheiten, Auflaufkrankheiten, Fußkrankheiten an Sämlingen und Stecklingen, Fußkrankheiten an stehenden Kulturen u. ä. werden durch verschiedene Pilze (*Pythium, Phytophthora, Fusarium, Rhizoctonia* u. a.) hervorgerufen. Der Wurzelbräunepilz *Thielaviopsis basicola* verursacht Kümmern und Welken bei Begonien, Cyclamen, Kalanchoe, Wicken, Veilchen und vielen anderen Pflanzen.

Starker Fusarium-Befall bei Tomaten

Wässrig weiche Stellen am Stängelgrund mit nachfolgendem Welken und Absterben beispielsweise bei Stockmalve, Löwenmäulchen, Dahlien, Rittersporn, Salat und vielen anderen Pflanzen verursacht die Wurzel-, Knollen- und Stielgrundfäule hervorgerufen durch den Pilz *Cylindrocarpon radicicola*.

Allen diesen Krankheiten ist eines gemeinsam: Sie sind nicht heilbar. Mit vorbeugenden Maßnahmen wie

- gesunde Pflanzenwahl
- vorschriftsmäßige Lagerung von Blumenzwiebeln
- Bodenlockerung
- Bodendränage
- keine zu starke Stickstoffdüngung
- nicht zu dicht säen oder pflanzen
- bedarfsgerechtes Gießen

und ähnlichem können sie jedoch weitgehend vermieden werden. Kranke Pflanzen sollten sofort entfernt und vernichtet werden. Sie gehören nicht auf den Kompost!

Schädlinge an Wurzeln und Stängeln

Wenn tierische Schädlinge die Wurzeln anfressen oder Stängel und Leitungsbahnen schädigen, ist die Wasser- und Nährstoffaufnahme sowie deren Transport gestört. Als Folge davon beginnen die Pflanzen zu welken und sterben ab.

Wühlmäuse fressen häufig die Wurzeln junger Gehölze und anderer Pflanzen an. Ihre Anwesenheit ist an den aufgeworfenen Erdhaufen zu erkennen.

Ob man Wühlmäuse oder aber Maulwürfe, die keine Pflanzenwurzeln fressen und außerdem geschützt sind, im Garten hat, kann man leicht feststellen: Die Gänge der Wühlmäuse sind hochoval, die der Maulwürfe breitoval.

Dickmaulrüssler werden zunehmend zur Plage. Sie treten vor allem an Rhododendren, Azaleen, Cotoneaster, Eiben, Cyclamen, Gloxinien, Pelargonien und anderen Zierpflanzen auf.

Die weißlichen Larven schädigen die Wurzeln und lassen die Pflanzen kümmern und bei starkem Befall sogar absterben. Die nachtaktiven, erwachsenen Käfer fressen die Blätter vor allem von den Seiten her buchtenartig an. Die Käfer sind flugunfähig, sie werden meist als Larven mit Erde oder neuen Pflanzen eingeschleppt.

Asseln sind zwar lästig, fressen jedoch nur gelegentlich an Stängeln von Jungpflanzen (z. B. Bohnen), die dann umknicken, welken und absterben.

Drahtwürmer sind die langen, schlanken, glänzend goldbraunen, harten Larven des Schnellkäfers. Sie ernähren sich von Pflanzenwurzeln.

Der Dickmaulrüssler bevorzugt Balkonkästen und Pflanzkübel. Seine Larven kann man mit Fadenwürmern bekämpfen, die im Gießverfahren ausgebracht werden.

Maulwurfsgrillen (auch Werren genannt) werden vorwiegend im Rasen und im Gemüsegarten zu Schädlingen. Die bis 5 cm langen Insekten mit den typischen Grabbeinen leben unterirdisch in Gängen und ernähren sich von Humus, Pflanzenwurzeln und Bodenlebewesen. Wurzelfraß und fehlender Wurzelschluss führen dazu, dass die Pflanzen welken.

Unterhalb geschädigter Pflanzen findet man daumendicke Gänge im Boden. Im Mai/Juni bilden sich schließlich tellergroße Kahlstellen im Rasen. Darunter sind die Nester der Maulwurfsgrillen. Bei warmer Witterung verlassen die Tiere in der Dämmerung und nachts ihre Gänge.

Kohl-, Möhren-, Zwiebel- und **Bohnenfliegen** werden vor allem in Gemüsebeeten schädlich. An und in Wurzeln, Knollen oder Stängeln findet man weißliche Maden.

Ameisen können Pflanzen indirekt schädigen, indem sie ihnen durch ihre Nestbautätigkeit den Bodenkontakt und damit Wasser und Nährstoffe entziehen.

Engerlinge verursachen Fraßschäden an Wurzeln und Knollen. Es handelt sich hierbei hauptsächlich um die Larven des Mai-, Juni-, oder Gartenlaubkäfers.

Kümmern Pflanzen ohne erkennbare Ursache, sind manchmal **Nematoden** (zysten-, gallenbildende oder wandernde Wurzelnematoden, Stehgelälchen u. a.) dafür verantwortlich. Diese pflanzenschädliche Nematodenarten sind etwa 1 mm lang und mit dem bloßen Auge nicht erkennbar. Sie infizieren die Pflanzen meist vom Boden her. Ist die Pflanze einmal befallen, kann sie nicht mehr geheilt werden. Fruchtwechsel ist die wichtigste vorbeugende Maßnahme.

Was tun gegen …

… Dickmaulrüssler?

Die erwachsenen Käfer können frühmorgens, wenn die Tiere noch kältestarr sind, abgesammelt werden (oder nachts mit Hilfe einer Taschenlampe). Gegen die Larven können bei Bodentemperaturen über 12 °C Nützlinge eingesetzt werden, und zwar die parasitären Nematoden *Heterorhabditis spec.* und *Steinernema spec.* Die Ausbringung der „Nematodenlösung" mittels Gießkanne ist sehr einfach. Zu beziehen sind diese Nematoden bei Nützlingsproduzenten im Gartenfachhandel.

… Asseln und Drahtwürmer?

Asseln und Drahtwürmer kann man fangen, indem man halbierte und etwas ausgehölte Kartoffeln mit der Höhlung nach unten auslegt. Die Tiere verstecken sich gerne an diesen feuchten Plätzen und können abgesammelt und/oder getötet werden (z. B. mit kochendem Wasser).

Maulwurfsgrillen (im Bild ein Feldgrillen-Weibchen) machen sich bei Gartenbesitzern unbeliebt, da sie bei ihrer Grabtätigkeit Wurzeln durchbeißen und dadurch Pflanzen zum Absterben bringen.

Drahtwürmer schädigen die Wurzeln durch Fraß.

… Kohl-, Möhren-, Zwiebel- und Bohnenfliegen?

Man schützt seine Pflanzen am besten, indem man die Beete gleich nach der Aussaat oder der Pflanzung mit einem Gemüseschutznetz- oder -vlies (im Gartenfachhandel erhältlich) abdeckt.

… Wühlmäuse?

Am besten bewährt hat sich die Wühlmausfalle. Wie bei einer herkömmlichen Mausefalle tötet ein gespannter Schlagbügel die Wühlmaus, wenn diese in die Falle geht.

… Maulwurfsgrillen?

Die nacht- und dämmerungsaktiven Tiere können mit ebenerdig eingegrabenen Gläsern oder Dosen gefangen werden. Sternförmig von den Fallen ausgelegte Bretter oder Balken verbessern den Fangerfolg. Nester sollten zerstört werden.

Ein biologisches Gießmittel (mit nützlichen Nematoden) zur Befallsreduzierung ist im Gartenfachhandel erhältlich.

… Ameisennester?

Stülpt man einen Blumentopf über ein Ameisennest, ziehen die Ameisen oft in diesen ein und können dann entfernt werden. Eine radikalere Methode ist das Übergießen des Nestes mit kochendem Wasser (nicht an Pflanzenwurzeln). An Pflanzen halten sich Ameisen meist nur auf, wenn dort Schädlinge Honigtau produzieren, den sie als Nahrung sammeln. Eine Bekämpfung von Blattläusen, Weißer Fliege, Schildläusen und anderen Honigtauproduzenten macht die Pflanzen für die Ameisen uninteressant. Präparate aus Pflanzenextrakten stören die Orientierung der Ameisen, die dann nicht mehr ins Nest zurückfinden, so dass die Brut verhungert.

Schäden an den Blättern

Ernährungs- und Pflegefehler

Flecken und Verfärbungen an den Blättern können durch Ernährungs- und Pflegefehler entstehen.

Ein **Stickstoffüberschuss** liegt vor, wenn die Pflanze insgesamt unnatürlich dunkelgrün ist und sich die Triebspitzen schopfartig umbiegen (häufig bei überdüngten Tomaten zu beobachten). In diesem Fall sollte die Stickstoffdüngung zumindest vorübergehend eingestellt werden.

Ist die Pflanze im Ganzen eher hellgrün, vergilbt sie von den unteren Blättern her, wobei die ältesten Blätter oft absterben, wächst die Pflanze kaum noch, so sind dies häufig Hinweise auf **Stickstoffmangel**.

Stickstoff ist ein Hauptnährstoff für die Pflanze. Benötigt sie mehr, als im Boden vorhanden ist und durch Kompostgaben nachgeliefert wird, muss zugedüngt werden. Kompost ist reich an Nährstoffen. Bei Komposteinsatz zur Bodenverbesserung muss daher weniger und manchmal gar nicht nachgedüngt werden, je nach Bodenvorrat und Nutzungsart. Organische Stickstoffdünger sind z. B. Hornmehl und Hornspäne (14 % Stickstoff).

Auch **Phosphormangel** zeigt sich v. a. an älteren Blättern. Diese sind unnatürlich dunkelgrün, oft mit rötlichen Verfärbungen, manchmal auch am Stängel. Dieser Mangel ist jedoch im Hausgarten sehr selten.

Bei **Kaliummangel** werden vor allem die älteren Blätter vom Rand her gelb oder haben braune Absterbeerscheinungen vom Rand her. Auch dieser Mangel tritt im Hausgarten eher selten auf.

Stickstoffmangel an Tomaten (links) und an Einlegegurken (rechts).

Stickstoff ist ein sehr bedeutender Nährstoff, dem bei der Düngeplanung große Aufmerksamkeit und Sorgfalt gewidmet werden muss. Er ist sehr wichtig für das Wachstum und die Blattentwicklung. Doch ein Zuviel kann sich negativ auf die Widerstandsfähigkeit und Blütenbildung auswirken.

Phosphormangel an Tomaten

Kaliummangel an Tomaten (oben) und an Apfel

Bei **Magnesiummangel** zeigen sich an den älteren Blättern Aufhellungen, wobei die Blattadern dunkelgrün bleiben. Später sterben die hell verfärbten Blattpartien oft unter Braunfärbung ab. Ein kombinierter Kalium-/Magnesiumdünger ist Kalimagnesia.

Bei **Eisenmangel** verfärben sich die jüngeren Blätter gelb bis gelbweiß, oft mit grünen Adern. Eisenmangel tritt im Hausgarten vor allem an Rhododendron, Kulturheidelbeere und anderen Moorbeetpflanzen auf, wenn der pH-Wert für diese Pflanzen zu hoch ist. Aber auch Obstbäume oder Gemüsepflanzen können betroffen sein. Unter den Kübelpflanzen haben besonders die Zitruspflanzen häufig Eisenmangel. Eisenmangel ist oft ein Zeichen, dass der Boden oder die Pflanzerde mit Kalk überdüngt ist, da zu viel Kalk die Verfügbarkeit vieler Spurenelemente blockiert.

Unterschiedliche Stadien von Magnesiummangel an Tomatenblättern

Was tun …

… bei akutem Nährstoffmangel?

In diesem Fall sind schnellwirkende Dünger anzuwenden. Handelt es sich um einen allgemeinen Mangel, so wird ein wasserlöslicher Mehrnährstoffdünger oder ein entsprechender Flüssigdünger eingesetzt. Bei akutem Stickstoffmangel (Wachstumsstockung trotz gutem Standort, guten Witterungsbedingungen und guter Pflege; ältere Blätter werden gelb) kann ein flüssiger Stickstoffdünger als Blattdüngung verwendet werden. Bei Kaliummangel wird ein Kaliumdünger gegeben, bei Eisenmangelsymptomen entsprechend Eisendünger.

Blattverfärbungen durch Eisenmangel an einer Rose

… wenn ein Pflanzenschutzmittel oder -pflegemittel zu hoch konzentriert wurde?

Wird der Fehler sofort nach Anwendung bemerkt, kann ein Schaden verhütet werden, indem man die Pflanzen mit klarem Wasser überbraust und so den Wirkstoff abwäscht oder zumindest verdünnt. Wird das Versehen erst nach einigen Tagen bemerkt und zeigen die Pflanzen bereits Symptome wie Blattflecken und ähnliches, ist der Schaden nicht mehr rückgängig zu machen und man kann den Pflanzen nur noch möglichst gute Pflege angedeihen lassen, damit sie sich hoffentlich wieder davon erholen.

Etwa alle 3–5 Jahre sollte eine **Bodenuntersuchung**, die Auskunft über den Phosphor-, Kalium- und Magnesiumgehalt sowie über den Säuregrad des Bodens gibt, durchgeführt werden. Meist ist eine Düngeempfehlung im Preis für die Bodenuntersuchung (ab ca. 7 €) mit inbegriffen

Pflegefehler, die Flecken und Verfärbungen auf den Blättern verursachen können, sind beispielsweise die Beregnung empfindlicher Pflanzen bei praller Sonne, die Verwendung von Pflanzenschutz- oder -pflegemitteln bei praller Sonne oder die Anwendung eines zu hoch konzentrierten Pflanzenschutz- oder -stärkungsmittels.

Bei der Anmischung eines Präparates kann man sich leicht um eine Zehnerpotenz verrechnen. Wird auf der Verpackung eine Konzentration von 1 % angegeben, so werden 10 g oder 10 ml des Mittels pro Liter Wasser gemischt. 1 ‰ entspricht 0,1 %, das heißt es wird nur 1 g oder 1 ml pro Liter Wasser gemischt. 0,1 ‰ entspricht 0,01 %, mit 0,1 g oder 0,1 ml pro Liter Wasser.

Pilzkrankheiten, die Beläge, Flecken und Verfärbungen verursachen

Echte Mehltaupilze rufen einen mehlartigen, erst weißlichen, später oft bräunlichen Belag auf Blättern (vor allem an der Blattoberseite), Blüten, Stängeln und Früchten hervor. Häufig tritt Echter Mehltau an Weinrebe, Gurke, Tomate, Apfel, Beerenobst, Rosen und Stauden auf. Diese Pilze vemehren sich besonders bei sonniger, warmer Witterung mit nächtlicher Taubildung.

Falsche Mehltaupilze befallen die verschiedensten Gartenpflanzen, wie Gurke, Spinat, Kopfsalat, Kartoffel, Erdbeere, Rose usw. Meist stellt man zunächst blattoberseits helle Flecken fest. Dreht man das Blatt um, findet man unter diesen Flecken einen gräulich-weißen Belag. Diese Pilzkrankheiten treten vorwiegend bei kühler, feuchter Witterung auf.

Dunkle, rußartige Beläge werden durch **Rußtaupilze** verursacht. Diese sind eigentlich keine Schadorganismen, sondern sie siedeln sich auf den zuckerhaltigen Ausscheidungen von Blattläusen an. Mit der Bekämpfung der Honigtauproduzenten (Blattläuse, Schildläuse, Zikaden, u. a.) verschwinden allmählich auch die Rußtauüberzüge wieder (das gilt nicht für Sternrußtau bei Rosen).

Rostpilze zeigen sich meist durch kleine, pustelartige, stark stäubende Sporenlager auf den Blättern von Rosen, Malven, Bohnen und vielen anderen. Viele Rostpilze sind wirtswechselnd, das heißt, sie benötigen noch eine andere Pflanzenart, um ihre Entwicklung voll durchlaufen zu können. So überwintert beispielsweise der Birnengitterrost auf bestimmten Wacholderarten. Wird dieser Winterwirt entfernt, kann die Birne im Sommer nicht befallen werden. Ansonsten sollte man auf weniger anfällige Sorten zurückgreifen, nicht zu reichlich Stickstoff düngen und befallene Triebe zurückschneiden.

Grauschimmel- und Fäulnispilze befallen Blätter, Stängel, Früchte und Wurzeln. Vor allem geschwächte oder beschädigte Pflanzen sind gefährdet. Meist zeigen sich als Symptome weiche faulende Stellen, auf denen sich später ein graues Pilzgeflecht bildet. Die Krankheit wird durch einen Mangel an Licht und Luft, durch zu viel Feuchtigkeit und Stickstoffüberversorgung begünstigt.

Blattflecken unterschiedlicher Form und Größe werden durch Pilze der Gattung *Alternaria, Ascochyta, Septoria* und andere verursacht. Diese Krankheiten können nicht geheilt, sondern nur durch Entfernen befallener Pflanzenteile am Ausbreiten gehindert werden. Vorbeugende Maßnahmen sind die Wahl resistenter Sorten, optimaler Standort und Pflege sowie bedarfsgerechte Stickstoffdüngung.

Rosenmehltau

Was tun gegen…

… Echten Mehltau?
Die Pflanzen sollten nicht zu eng stehen, damit Tau schnell abtrocknen kann. Wenn möglich, sollten resistente Sorten gewählt werden.

Kranke Triebe müssen entfernt, beziehungsweise bis ins gesunde Holz zurückgeschnitten werden.

Pflanzenstärkungsmittel regelmäßig alle 7 bis 10 Tage vorbeugend angewendet, haben teilweise eine gute Schutzwirkung. Auch getrockneter Sachalin-Staudenknöterich stärkt die Abwehrkraft gegen Echten Mehltau. Ein Mittel mit dem natürlichen Wirkstoff Lecithin muss allerdings auch vorbeugend oder bei den allerersten Mehltauflecken regelmäßig und gründlich angewendet werden, um eine Wirkung zu zeigen.

Schwefelpräparate können ebenfalls gegen Echte Mehltaupilze eingesetzt werden. Sie wirken auch gegen Milben, leider nicht nur gegen schädliche, sondern auch gegen die nützlichen Raubmilben.

… Falschen Mehltau, Grauschimmel, Blattflecken- und Fäulnispilze?
Weiter Stand und Auslichtungsmaßnahmen, die für ein schnelles Abtrocknen und ausreichenden Lichtgenuss sorgen, beugen dem Pilzbefall vor.

Wichtig ist auch richtiges Gießen. Gegossen wird nur bei Bedarf, nur an und nicht über die Pflanzen, am besten morgens, damit die Pflanzen bald abtrocknen.

Die Pflanzen dürfen nicht überdüngt werden. Besonders zu reichliche Stickstoffdüngung macht anfälliger.

Saugende Schädlinge, die Blattflecken und Verfärbungen verursachen können

Blattläuse verschiedenster Arten können an fast allen Pflanzen zu Schädlingen werden. Sie leben meist in Kolonien an Stängeln, Knospen, Blüten und Blättern (vorwiegend blattunterseits). Es gibt geflügelte und ungeflügelte Tiere. Während der Sommermonate sind die Weibchen lebendgebärend, die Vermehrungsrate ist dann enorm.

Schädigend wirken Blattläuse vor allem durch den Entzug von Pflanzensaft und die Ausscheidung zuckerhaltigen „Honigtaus“, auf dem sich in der Folge Rußtaupilze ansiedeln, so dass die Pflanze oder Teile davon mit einem schwarzen Belag überzogen werden. Manchmal sind die Blattläuse bereits fort (z. B. von Nützlingen „beseitigt“), wenn man anhand von Rußtaubelag und Häutungsresten feststellt, dass ein Blattlausbefall vorhanden gewesen sein muss.

Außerdem können Blattläuse während des Saugens Viruskrankheiten übertragen. Ihre Saugtätigkeit verursacht oft auch Blattrollen, Verfärbungen, Verkrüppelungen und Welkeerscheinungen.

Blattläuse haben viele natürliche Feinde im Garten, wie Marienkäfer, Florfliegen, Schlupfwespen, Schwebfliegen, räuberische Wanzen und viele mehr. Ein paar Blattläuse sollten toleriert werden, um diesen Nützlingen etwas Nahrung zu bieten. Eine Bekämpfung ist erst nötig, wenn wirklich ein Schaden zu befürchten ist. Stickstoffüberdüngung fördert den Blattlausbefall.

Die **Fichtenröhrenlaus** (= Sitkafichtenblattlaus) ist eine grüne Blattlaus mit roten Augen (Lupe!). Sie ist derzeit der Schrecken vieler Gartenbesitzer, wird jedoch auch oft zu Unrecht für Schäden an Nadelbäumen verantwortlich gemacht. Andere mögliche

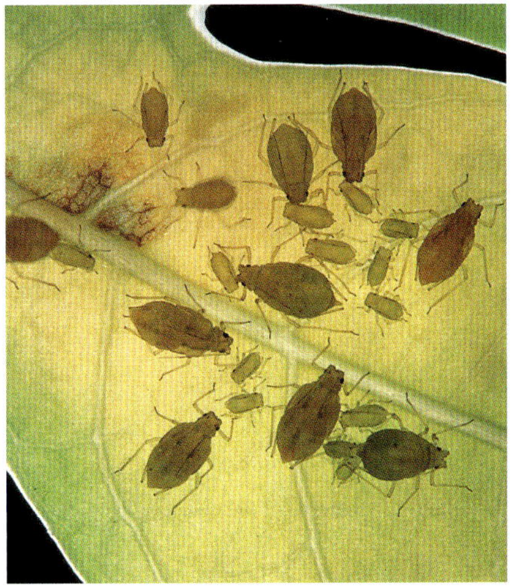

Treten Blattläuse gehäuft auf, verursachen sie durch ihre Saugtätigkeit Blattflecken.

Ursachen für Nadelbräune sind Trockenheit, Frost, Bodenverdichtung, Salzschäden und Magnesiummangel.

Ein Hinweis für einen Befall mit der Sitkafichtenblattlaus ist, wenn Fichten von innen her verbräunen. Die Altnadeln zeigen zunächst große Flecken, werden dann braun und fallen ab. Mit einer Klopfprobe (man hält an mehreren Stellen ein Blatt weißes Papier unter einen Zweig und klopft auf diesen) kann man feststellen, ob der Baum befallen ist, denn dann sind diese Schädlinge auf dem Papier gut auszumachen.

Spinnmilben sind winzige, etwa punktgroße, saugende Schädlinge. Die Nadelholzspinnmilben schädigen vor allem Fichte, Scheinzypresse und Wacholder. Die Obstbaumspinnmilbe tritt insbesondere an Apfel und Pflaume auf. Die Braune Obstbaumspinnmilbe befällt besonders Apfel, Birne, Zwetschge und Kirsche. Die Gemeine Spinnmilbe (Rote Spinne) befällt viele Gemüsearten, Zierpflanzen, Wein, Beerenobst und auch Obstgehölze.

Spinnmilben werden nur knapp 0,5 mm groß und sind ohne Lupe nur für ein geübtes Auge zu erkennen.

Spinnmilben können sich sehr schnell vermehren. Durch ihre intensive Saugtätigkeit (vor allem an der Blattunterseite) bekommen die Blätter zunächst helle Flecken, später werden sie insgesamt fahl und sterben dann unter Braunwerden ab. Feine Sprenkelungen sind erste Anzeichen zum Beispiel bei Gurken oder Bohnen. Auf der Blattunterseite findet man dann die ersten Tiere in einer kleinen Gruppe, manchmal bereits auch Häutungsreste und feine Spinnweben. Bei starkem Befall sind Blätter und Triebe meist dicht mit feinen Spinnweben überzogen.

Da man Spinnmilben in der Regel erst feststellt, wenn bereits ein Blattschaden da ist, sollten sie dann sofort mit einem nützlingsschonenden Mittel bekämpft werden.

Thripse (Blasenfüße) bewirken durch ihre Saugtätigkeit ebenfalls zunächst helle Sprenkelungen an Blättern und Blüten. Jedoch wirken diese oft eher silbrig und sind durch winzige, glänzend schwarze Kottröpfchen von denen der Spinnmilben zu unterscheiden. Auch finden sich keine Spinnweben. Stark befallene Blätter fallen ab. Dem bloßem Auge erscheinen Thripse als kleine, 1–2 mm lange, dunkle Striche. Meist findet man sie in Blüten und auf Blättern. Ihre Larven sind eher gelblich und nicht ganz so schlank.

Manche Thripse haben aber auch natürliche Feinde wie z. B. Florfliegen, Raubmilben und räuberische Blumenwanzen.

Schildläuse verursachen durch ihre Saugtätigkeit Verfärbungen und Blattfall, die Pflanzenteile sterben ab. Da sie außerdem Honigtau ausscheiden, können sich als Folge Rußtaupilze ansiedeln. Die erwachsenen Tiere sind bewegungsunfähig und sitzen unter einem grauen, braunen oder schwärzlichen Schild, das je nach Art unterschiedlich geformt ist. Die Larven sind beweglich und sorgen so für die Ausbreitung.

Die **Weiße Fliege** (Mottenschildlaus) schädigt die Pflanzen durch Entziehen von Pflanzensaft und durch die starke Honigtauausscheidung, auf dem sich wiederum Rußtaupilze ansiedeln können. Kontrolliert man die Blattunterseite, findet man auf den älteren Blättern kleine, weißliche, ovale Larven, je nach Larvenstadium von etwa 0,1 mm bis etwas über 0,5 mm Länge.

Die Larven der **Minierfliegen** fressen sich durch das Blattgewebe und hinterlassen die arttypischen Miniergänge. Auch die Larven von Miniermotten verursachen ähnliche Minierschäden, jedoch enthalten diese Gänge körnigen Raupenkot. Miniermotten müssen im Hausgarten in der Regel nicht bekämpft werden.

Manche Minierfliegenarten übersäen das Blatt auch mit unzähligen Einstichstellen, aus denen sie Pflanzensaft saugen oder ihre Eier hineinlegen. Starker Befall kann zum Absterben der Pflanzen führen.

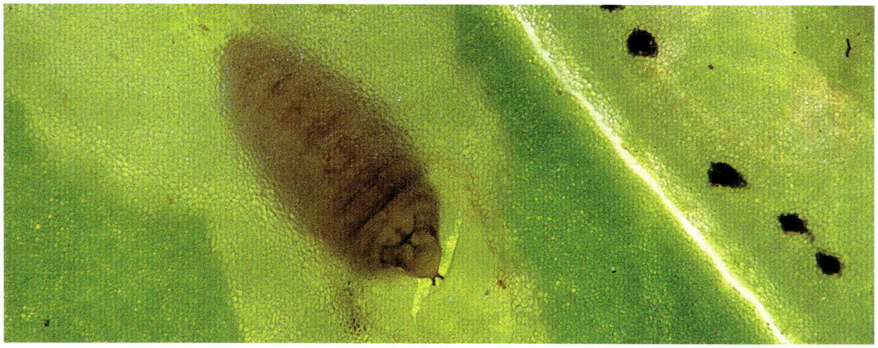

Minierfliegen treten seit einigen Jahren verstärkt auf. Sie sind schwer zu bekämpfen.

Was tun gegen …

… Blattläuse, Fichtenröhrenläuse und Spinnmilben?

Befallene Pflanzen können mit einem nützlingsschonenden Pflanzenschutzmittel auf Kaliseifenbasis behandelt werden. Wichtig ist, dass die Pflanzen sorgfältig, auch an der Blattunterseite, tropfnass gespritzt werden. Da das Mittel mindestens 10 Minuten Zeit zum Einwirken haben muss, wird es am besten morgens oder abends an einem regenfreien Tag angewendet.

Auch Pyrethrummittel können gegen Blattläuse und andere Schädlinge eingesetzt werden, sie sind jedoch nicht nützlingsschonend. Rapsölpräparate lassen Schädlinge unter einem Ölfilm ersticken, das Mittel wird jedoch von jungen Blättern und von empfindlichen Pflanzen nicht immer vertragen.

… Thripse?

Gegen Thripse in Kleingewächshäusern können Nützlinge (Raubmilben, Florfliegen, räuberische Blumenwanzen) eingesetzt werden. Ansonsten sind Mittel auf Pyrethrumbasis in der Regel ausreichend wirksam. Verschiedentlich wurden auch mit Rapsölpräparaten gute Erfolge gegen Thripse erzielt.

… Weiße Fliege?

Mit Kaliseifenpräparaten lässt sich der Befall eindämmen, bei mehrmaligem Einsatz ab Befallsbeginn auch gut unter Kontrolle halten. Im Kleingewächshaus kann der Befall durch Gelbtafeln und Gelbsticker eingedämmt oder zumindest kontrolliert werden. Bei frühzeitigem Einsatz (bei Befallsbeginn) erzielt man sehr gute Bekämpfungserfolge mit der Schlupfwespe *Encarsia formosa*.

… Schildläuse?

Sie werden am besten mit ölhaltigen Präparaten bekämpft. Das Öl verstopft die Atemöffnungen, so dass die Tiere ersticken. Ölpräparate eignen sich auch zur Bekämpfung von Woll-, Schmier-, Schildläusen und Spinnmilben an hartlaubigen Zierpflanzen im Zimmer und im Gewächshaus.

… Minierfliegen?

Sie können nur sehr schwer bekämpft werden. Andererseits gibt es bei uns Nützlinge, die den Schädling unter Kontrolle halten.

Findet man Miniergänge, so entfernt man die befallenen Blätter. Legt man diese in einen durchsichtigen Behälter so kann man beobachten, ob daraus eine Minierfliege (ca. 2 mm kleine Fliege) oder eine nützliche Schlupfwespe (2 bis 3 mm, schmaler Körper) schlüpft.

Schadbild der Schrotschusskrankheit

Kartoffelkäfer-Larve

Buchtenfraß des Dickmaulrüsslers

Schrotschusskrankheit

Löcher in den Blättern von Kirsche, Pflaume, Zwetschge und Pfirsich können ein Hinweis sein, dass der Baum von der Schrotschusskrankheit befallen ist, die vom Pilz *Stigmina carpophila* ausgelöst wird. Zunächst zeigen sich auf den Blättern viele kleine, rötliche bis dunkle Flecken, die später ausfallen, so dass die Blätter wie mit Schrot durchschossen aussehen. Bei sehr starkem Befall verlieren die Obstbäume ab Juni die Blätter. Auf den Früchten befallener Bäume findet man rot umrandete Flecken.

Stark befallene Triebe sollten zurückgeschnitten werden, abgefallene Blätter und kranke Früchte werden entfernt. Vor der Blüte können Kupferoxychloridpräparate gespritzt werden, während und nach der Blüte können Pflanzenstärkungsmittel zur Erhöhung der Widerstandsfähigkeit gegen Pilzkrankheiten eingesetzt werden.

Kartoffelkäfer und andere blattschädigende Käfer

Kartoffelkäfer befallen nicht nur Kartoffeln, sondern auch Auberginen und andere Pflanzen der Nachtschattengewächse.

Ab April fressen die schwarzgelb gestreiften Käfer, ab Mai auch die rotschwarz gemusterten Larven an den Blättern. Starker Befall kann zu Kahlfraß führen. In kleineren Beständen können die Käfer und Larven abgesammelt werden.

Die Larven können mit einem *Spinosad*-Präparat bekämpft werden. Spinosad ist ein natürlicher Wirkstoff, der aus Bodenbakterien gewonnen wird. Er ist jedoch bienengefährlich, giftig für Fische, Fischnährtiere.

Erdflöhe, die häufig Radieschen befallen (die Blätter sind dann fein durchlöchert), kann man durch Feuchthalten des Bodens vergraulen.

Dickmaulrüssler

Sind die Blätter von Wein, Rhododendren und anderen Ziergehölzen, von Stauden oder Erdbeeren von den Rändern her buchtenartig angefressen, liegt meist ein Befall mit dem Gefurchten Dickmaulrüssler oder anderen Dickmaulrüsslerarten vor.

Die erwachsenen Käfer sind knapp 1 cm lang und fressen in der Dunkelheit an den Blättern. Tagsüber verstecken sie sich. Die cremefarbenen, mit einer Kopfkapsel ausgestatteten Larven leben im Boden und fressen an den Wurzeln. Bei starkem Befall kümmern die Pflanzen. Jungpflanzen können absterben.

Im Freiland tritt der erwachsene Käfer ab Ende Mai auf. Ab August schlüpfen die Larven, die dann im Boden überwintern und sich im Mai verpuppen. Im Kleingewächshaus kann dieser Zyklus durch höhere Temperaturen verschoben sein, oder es treten

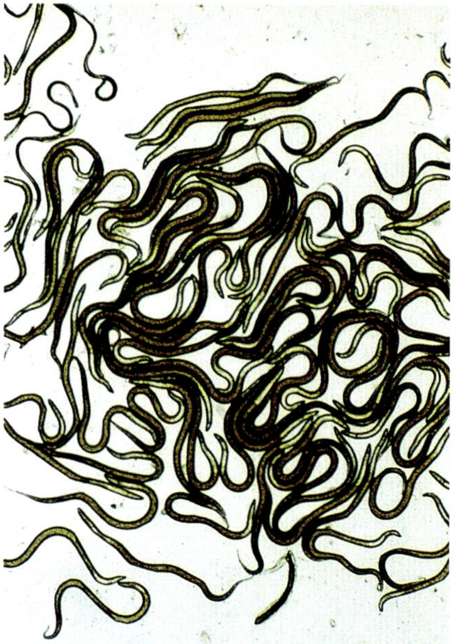

Solche Fadenwürmer parasitieren die Larven des Dickmaulrüsslers.

Typisches Schadbild von Raupenfraß an Salat

auch während des Winters erwachsene Käfer auf. Diese können vor der Morgendämmerung, wenn die Tiere noch kältestarr sind und sich nicht so schnell verstecken können, mit Hilfe einer Taschenlampe abgesammelt werden. Wichtig ist jedoch die Bekämpfung der Larven im Boden, denn daraus würden sich neue eierlegende Käfer entwickeln. Zur biologischen Bekämpfung eignen sich parasitäre Nematoden (*Heterorhabditis spec.* oder *Steinernema carpocapsae*). Die biologische Bekämpfung der Dickmaulrüsslerlarven wird im Frühjahr oder Herbst, bei Bodentemperaturen über 12 °C durchgeführt.

Nematoden sind winzige Fadenwürmer, die mit dem Auge nicht zu erkennen sind. Sie werden mit dem Trägermedium Wasser mittels einer Gießkanne ausgebracht, dringen in die Larven des Schädlings ein und töten diese mit Hilfe von Bakterien ab.

Raupenfraß

Raupen sind die Larven von Tag- und Nachtfaltern. Je nach Art können sie mit ausgiebigem Blattfraß große Schäden bis hin zum Kahlfraß verursachen.

Die Larven der **Kohlweißlinge** werden vor allem an Kohlgewächsen schädlich. Die Raupe des Großen Kohlweißlings (*Pieris brassicae*) ist schwarzgelblich gemustert und flaumig behaart. Die Raupen des Kleinen Kohlweißlings (*Pieris rapae*), sind hellgrün mit einer feinen gelben Mittellinie auf dem Rücken.

Die **Eulenraupen** sind Larven verschiedener Nachtfalter (Ampfereule, Dianaeule, Bandeule, Erdeule, Gemüseeule und andere). Sie sind wichtige Schädlinge an vielen Nutz- und Zierpflanzen. Besonders die größeren Raupen einiger Arten verstecken sich gerne tagsüber in der Erde oder zwischen den Blättern und Blattachseln und fressen nachts an den exponierten Pflanzenteilen. Je nach Alter und Art sind sie sehr unterschiedlich gefärbt, meist bräunlich oder graugrün.

Hellgrün, aber nur bis 1 cm lang, sind die Raupen der **Kohlmotte,** einem Kleinschmetterling. Sie werden nur bei hohem Besatz schädlich.

Einer der verbreitetsten Schädlinge an Obst- und Ziergehölzen sind die Larven des **Kleinen Frostspanners.** Der Falter legt seine Eier im Herbst auf Ästen ab. Die hellgrünen Raupen mit dem typischen „Buckelgang" schlüpfen im Frühjahr. Ein Hinweis auf den Kleinen Frostspanner sind die versponnenen Triebe. Die Raupen verpuppen sich im

Boden. Ab September klettern die aus den Puppen geschlüpften, flugunfähigen Weibchen zur Eiablage den Stamm hinauf.

Die Raupen des **Goldafter** leben gesellig und spinnen sich zur Überwinterung in einem Raupennest ein. Im nächsten Frühjahr beginnt dann der Reifungsfraß, manchmal mit größeren Schäden durch Kahlfraß. Die Brennhaare der Goldafterraupen können Reizungen verursachen. Daher empfiehlt es sich, zur Entfernung der Nester Handschuhe zu tragen.

Auch die Larven beliebter und/oder geschützter **Schmetterlinge** sind Raupen und können zu Schädlingen werden. So treten die Raupen des Schwalbenschwanzes manchmal an Gelben Rüben, Sellerie, Dill, Kümmel, Fenchel und anderen Doldenblütlern auf. Auch der seltene Totenkopf, dessen Larven gelegentlich am Kartoffellaub zu finden sind, ist geschützt. Raupen des ebenfalls geschützten Bärenspinners gehen manchmal an Kopfsalat, Spinat und Erdbeeren. Diese und andere seltene Arten sind es wert, einige Blätter oder auch mal eine Pflanze für ihre Erhaltung zu opfern.

Was tun gegen Raupen?

Das **Absammeln** ist beim Auftreten einzelner Raupen zu empfehlen.

Treten die Raupen nesterweise auf und sind sie stark versponnen, so empfiehlt sich das **Ausschneiden** der Nester, da die Tiere im Gespinst vor Pflanzenschutzmitteln sowieso geschützt sind.

Die nützlingsschonende **biologische Bekämpfung** mit *Bacillus thuringiensis*-Präparaten eignet sich für freifressenden Raupen wie Frostspanner (werden im Frühjahr gegen die Jungraupen eingesetzt), Kohlweißlinge, Kohlmotte und andere schädliche Arten im Obst-, Gemüse-, Wein- und Zierpflanzenbau. Die zu schützenden Pflanzen werden zunächst gut benetzt. Die Schädlinge nehmen das Präparat beim Fressen auf. Bereits wenige Stunden später stellen sie die Fraßtätigkeit ein und sterben nach 3–5 Tagen ab.

Die Lufttemperatur sollte während der Behandlung über 15 °C liegen, damit die Raupen aktiv sind und genügend Wirkstoff aufnehmen. Diese Präparate wirken nicht gegen Nonnen- und Eulenraupen.

Raupe des Schwammspinners. Wegen der giftigen Haare nur mit Handschuhen anzufassen.

Leimringe oder Wellpappmanschetten gegen Frostspanner müssen Anfang Oktober um die Stämme der Bäume gelegt werden, um die Weibchen an der Eiablage zu hindern. Auch eventuelle Stützpfähle der Bäume werden unterhalb der Anbindestelle mit einem Leimring versehen.

Zu den **vorbeugenden Maßnahmen** gehören Schutz und Förderung von natürlichen Gegenspielern wie Vögeln, Spinnen, Raupenfliegen, Florfliegen, Schlupfwespen, Raubwanzen und vielen anderen.

Wellpappmannscheten helfen gegen aufkriechende Frostspannerraupen. Sie sind aus Gründen des Vogelschutzes den Leimringen vorzuziehen. Die Mannschetten müssen regelmäßig kontrolliert werden.

Schnecken

Im Hausarten werden vor allem Nacktschnecken und manchmal kleine Gehäuseschnecken zu Schädlingen. Sie fressen Löcher in die Blätter älterer Pflanzen, nagen die Stängel an, fressen an Früchten. Von Keimlingen und Jungpflanzen bleiben oft nur die Wurzeln und der Stängelansatz stehen. Wer hier der Übeltäter war, ist an den hinterlassenen Schleimspuren in der Regel gut zu erkennen. Schnecken bestehen zu 85% aus Wasser. Ihre Haut schützt sie kaum vor Feuchtigkeitsverlusten, daher müssen sie sich an feuchten Orten aufhalten. Nur an trüben, regnerischen Tagen findet man sie auf freien Flächen. Ansonsten verstecken sie sich tagsüber im hohen Gras am Beetrand, unter altem Laub, unter Pflanzen, Erdklumpen und ähnlichem. Dort sind sie vor dem austrocknenden Sonnenlicht und dem Wind geschützt. Erst wenn der Abend naht, kommen sie aus ihren Verstecken und gehen auf Beutezug.

Die Wegschnecke hat dazu beigetragen, dass in vielen Hausgärten kein Gemüse mehr angebaut wird.

Schneckenbekämpfung im Hausgarten

Zu empfehlen ist die Kombination mehrerer der folgenden Methoden:

Gemüse- und Blumenbeete sollten einen freien, **sonnigen Platz**, möglichst nicht neben Komposthaufen, Hecken oder „Wildnisecken" im Garten erhalten.

In der Umgebung bereits vorhandener Beete sollten **Versteckmöglichkeiten für Schnecken beseitigt** oder diese regelmäßig nach Schnecken abgesucht werden.

Boden durch häufige **Bodenbearbeitung** und die **richtige Gießtechnik** (nur in den Wurzelbereich der Pflanzen gießen) feinkrümelig und trocken halten.

Bei Kompostausbringung darauf achten, dass **keine Schneckeneier** (runde, weiße Eier, die in Häufchen abgelegt sind) ausgebracht werden.

Der Rasen sollte um die Beete herum sehr kurz gehalten werden, oder man legt **breite, unbewachsene Wege** (beispielsweise mit Platten, Splitt oder Holzhäcksel) um die Beete herum an.

Lückenlosen Schneckenzaun um die Beete ziehen, um eine Zuwanderung zu verhindern.

Innerhalb des Schneckenzaunes Schnecken über einen längeren Zeitraum hinweg konsequent unter ausgelegten Brettern oder an Lockpflanzen (z. B. *Tagetes*) **absammeln** oder mit **Bierfallen** fangen. Für die Bierfallen wird Bier in Behälter (am besten überdacht, damit der Regen den Lockstoff nicht verdünnt) gefüllt und zwischen die Pflanzenreihen gestellt. Statt Bier kann auch höherprozentiger Alkohol mit Wasser oder Rumaroma, mit Spülmittel und Wasser verdünnt, verwendet werden. Die Fallen sollen nicht ebenerdig eingegraben werden, da sonst auch Laufkäfer und andere Nützlinge hineinfallen.

Mit der Bekämpfung sollte man am besten einige Zeit vor der Aussaat oder der Pflanzung beginnen.

Zu bedenken ist, dass Alkoholfallen und Lockpflanzen Schnecken von weit her locken können und daher besser nicht im Beet ohne eine dichtschließende Beetumrandung (Schneckenzaun) angewendet werden sollten.

Natürliche Feinde fördern. Ein nicht zu sauber „geputzter" Garten mit Laub-, Reisig- und Steinhaufen bietet Laufkäfern, Kröten, Blindschleichen, Vögeln, Igeln und anderen Schneckenvertilgern Nisthilfen und Verstecke. Diese werden jedoch so angelegt, dass sie nicht direkt neben dem Beet auch als Schneckenunterschlupf dienen können.

Nicht zu empfehlen ist das Ausstreuen von Asche, Salz, Sand, Kaffee, Kalk und ähnlichem um die Pflanzen, weil dadurch der Boden in diesem Bereich verändert wird (Überkalkung führt zu Spurenelementemangel, Salz zu Wurzelschäden, Ascheausbringung zu Schwermetallanreicherung, Sand verändert u. U. die Bodenstruktur ungünstig, Sägemehl und Holzhäcksel legen Stickstoff fest).

Feuerbrand

Der Feuerbrand ist eine für Obst- und Ziergehölze gefährliche **Bakterienkrankheit,** die sich zunehmend verbreitet.

Der Erreger heißt *Erwinia amylovora*. Befallen werden können die Nutz- und Zierformen von Apfel (*Malus*-Arten), Birne (*Pyrus*-Arten), Feuerdorn (*Pyracantha*-Arten), Quitte (*Cydonia*-Arten), Stranvaesie (*Stranvaesia* spec.), Mehlbeere (*Sorbus*-Arten), Weiß- und Rotdorn (*Crataegus* spec.), Zierquitte (*Choenomeles*-Arten) und die Zwergmispel (*Cotoneaster*-Arten). Nicht befallen werden Steinobst wie Kirschen, Aprikosen und Zwetschgen, Beerenobst, andere Laubgehölze und Nadelgehölze.

Erkrankte Blüten und Triebe welken und färben sich braun. Später werden die Befallsstellen häufig schwarz und sehen wie verbrannt aus. Die Krankheit greift auf benachbarte Triebe, auch auf stärkere Äste und den Stamm über. Ein typisches Krankheitsmerkmal sind oft die dunkelbraun bis schwarz gefärbten Blüten- und Blattstiele an den erkrankten Trieben. Die Triebspitzen sind manchmal hakenförmig umgebogen (Birne). Die abgestorbenen Blätter und Früchte fallen nicht ab, sondern bleiben am Baum hängen. Im Sommer und Herbst findet man farblose, später bräunlich gefärbte Tröpfchen (Bakterienschleim) an den befallenen Trieben und Früchten, im Winter und Herbst sind an Stämmen und Ästen abgestorbene Stellen zu finden.

Die Bakterien überwintern in erkrankten Rindenteilen und werden im Frühjahr und Sommer durch Regentropfen, Wind, Insekten und Vögel verbreitet. Die Infektion des neuen Wirtes geht dann über die Blüten, andere natürliche Öffnungen und Wunden vonstatten. Meist sind die ersten Symptome dann an Blüten und jungen Triebspitzen zu finden. Aber auch über Schnittwerkzeuge kann die Krankheit verbreitet werden.

Feuerbrand kann heute in vielen Gegenden zu einer Bedrohung für den Obstbau werden.

Anfällige Birnensorten sind 'Bunte Juli', 'Clapps Liebling', 'Conference', 'Gräfin von Paris', 'Vereinsdechant', 'Williams Christ', 'Nordhäuser Winterforelle' und 'Bristol Cross'. Bei den Apfelsorten gelten 'Alkmene', 'Gloster', 'Goldparmäne', 'James Grieve', 'Idared', 'Jonathan' und 'Klarapfel' als anfällig. Wichtige Überträgerpflanzen sind der Weißdorn (*Crataegus monogyna*) und die hochanfälligen, großblättrigen *Cotoneaster*-Arten.

Der Feuerbrand kann mit anderen Bakteriosen, Pilzkrankheiten sowie Schäden durch Frost oder Unkrautvernichtungsmittel verwechselt werden. Eine sichere Diagnose ist nur während der Vegetationszeit mit Labortests möglich. Findet man ähnliche Erscheinungen an Steinobst, handelt es sich meistens um die *Monilinia*-Spitzendürre, eine Pilzkrankheit, manchmal aber auch um Bakterienbrand (*Pseudomonas morsprunorum*), eine andere Bakteriose.

Was tun gegen Feuerbrand?

- Anfällige Pflanzen ab der Blüte regelmäßig kontrollieren.
- Sind nur einzelne Triebe befallen, werden diese weit (mindestens 30 cm tief) in das gesunde Holz zurückgeschnitten.
- Stark befallene Pflanzen sofort roden und, wo erlaubt, diese an Ort und Stelle verbrennen, ansonsten über die Müllabfuhr beseitigen beziehungsweise zur Müllverbrennungsanlage anliefern.
- Verwendete Scheren, Sägen u. ä. nach Gebrauch mit 70% Alkohol desinfizieren oder mit Alkohol abflammen.

Meldepflicht
Das Auftreten der Krankheit oder der Verdacht ist den Pflanzenschutzdienststellen zu melden und Gegenmaßnahmen mit ihnen abzusprechen.

Schäden an den Trieben

Pilzkrankheiten

Die **Monilia-Spitzendürre** ist vor allem eine Krankheit an Steinobst, also an Kirsche (vor allem Sauerkirsche), Aprikose, Pfirsich, Zwetschge und Pflaume.

Plötzlich welken die Blüten und die jungen Triebe sterben von der Spitze her ab. Werden unreife Früchte befallen, schrumpfen sie und bleiben wie auch die abgestorbenen Blätter und Blüten an den dürren Zweigen als Mumien hängen.

Der Pilz befällt den Baum über die Blüten oder Wunden an Früchten. Besondere Befallsgefahr herrscht bei feuchter Witterung während der Blütezeit. Der Erreger überwintert an Fruchtmumien, abgestorbenen Blüten und Blättern und in befallenen Zweigen. Von hier geht die Verbreitung im nächsten Jahr aus.

Zeigen sich am Wacholder spindelartige Triebverdickungen und gelatineartig weiche, orangefarbige Polster, so ist die Ursache ein wirtswechselnder Rostpilz. Wacholder ist Winterwirt von *Gymnosporangium sabinae*, dem **Birnengitterrost**, oder einer anderen wirtswechselnden *Gymnosporangium*-Art.

Der Birnengitterrostpilz kann am Wacholder die betroffenen Zweige und unter Umständen die ganze Pflanze zum Absterben bringen. An der Birne zeigt sich die Infektion als orangefarbene Flecken an der Blattoberseite und später als warzenähnliche Erhebungen an der Blattunterseite. Selten werden auch Triebe, Blattstiele oder Früchte befallen.

Der Birnengitterrost wird durch einen wirtswechselnden Pilz verursacht, dessen Zwischenwirt verschiedene Wacholderarten sind.

Schadbild des Birnengitterrostes am Wacholder

Anfällige Wacholdersorten, von denen die Infektion der Birnbäume mit Birnengitterrost ausgehen kann

Juniperus sabina: 'Blaue Donau', 'Tamariscifolia', 'Arcadi', 'Broadmoor', 'Buffalo', 'Tamariscifolia Select', 'Wichita Blue' (gering)
Juniperus chinensis: 'Pfitzeriana', 'Pfitzeriana Aurea', 'Robusta Green', 'Expansa', 'Keteleeri', 'Mathot', 'Pfitzeriana Compacta', 'Pfitzeriana Old Gold', 'Rockery Gem',
Juniperus scopulorum: 'Blue Heaven'
Juniperus virginiana: 'Skyrocket'

Schadbild Rotpustelkrankheit

Die Spitzendürre tritt vor allem dann an Sauerkirschen auf, wenn man sich bereits auf die Ernte freut.

Die **Rotpustelkrankheit** gilt vor allem als Schwächeparasit. An Johannisbeere, Stachelbeere, Hainbuche und anderen Laubgehölzen tritt plötzlich an einzelnen Trieben Blattwelke auf, die Rinde verfärbt sich und reißt auf. Auf der abgestorbenen Rinde entstehen die typischen Pusteln, die Sporen zur Verbreitung durch den Regen abgeben.

Der Pilz infiziert vor allem überdüngte, durch zu starken Schnitt, Lichtmangel, falschen Standort oder andere Ursachen geschwächte oder verletzte Gehölze. Rückschnitt vertrockneter und kranker Zweige bis ins gesunde Holz und Wundbehandlung mit Baumwachs ist zu empfehlen. Das Schnittgut nicht auf den Kompost geben.

Auch die **Rutenkrankheit** der Himbeere wird von Pilzen verursacht. Ab Mai zeigen sich auf den einjährigen Ruten rotbraune bis violette Verfärbungen. Im Herbst verfärbt sich dann die Rinde grau und platzt auf. Befallene Himbeerpflanzen treiben im Folgejahr kaum aus.

Die beste vorbeugende Maßnahme ist, für lichten Stand zu sorgen. Befallene Ruten ausschneiden und verbrennen. Abgetragene Ruten werden nach der Ernte entfernt. Triebige Düngung vermeiden.

Bauchig aufgetriebene Blätter mit Kräuselungen und Verdickungen sowie gestauchte Triebe bei Pfirsich werden durch die **Kräuselkrankheit** verursacht. Bei starkem Befall bewirkt diese Pilzkrankheit zudem vorzeitigen Laub- und Fruchtfall. Der Pilz überwintert auf Trieben und Knospenschuppen.

Was tun gegen …

… Monilia-Spitzendürre?

Ein regelmäßiger, fachgerechter Gehölzschnitt soll unter anderem die Belüftung der Krone verbessern, damit die Infektionsgefahr verringert wird. Dabei sollten auch Fruchtmumien entfernt werden. Stellt man nach der Blüte im Frühjahr spitzendürre Zweige fest, sollten diese sofort etwa 20 cm tief ins gesunde Holz zurückgeschnitten und das Schnittgut verbrannt werden. Ein Pflanzenstärkungsmittel zur Vorbeugung gegen Pilzkrankheiten wird vor und während der Blüte gespritzt.

Birnengitterrost?

Anfällige Wacholdersorten und Birnbäume sollten zumindest nicht in denselben Garten gepflanzt werden. Befallene Wacholderzweige müssen bis weit in das gesunde Holz zurückgeschnitten und am besten verbrannt werden. Ohne den Wacholder als Winterwirt kann die Birne nicht an Birnengitterrost erkranken.

Kräuselkrankheit?

Fachgerechter Obstbaumschnitt und windoffener Standort sorgen für ein rasches Abtrocknen des Laubes und senken die Befallsgefahr. Erkrankte Pflanzenteile müssen entfernt und vernichtet werden. Ein Pflanzenstärkungsmittel kann vorbeugend ab Knospenaufbruch angewendet werden.

Tierische Schädlinge

Die Ursache für das Welken einzelner Triebe sind in manchen Fällen Tiere. So höhlt die Larve des **Kartoffelbohrers**, eines Falters, Kartoffeltriebe von innen aus. Welkende Triebe werden samt Schädling entfernt.

Bei Befall mit dem **Rosentriebbohrer** welken und vertrocknen plötzlich die Trieb-Enden der Freilandrosen. Man findet an ihnen Bohrlöcher mit weißem Bohrmehl und im Innern jeweils einen Fraßgang mit einer 1,5 cm großen Larve. Befallene Triebe werden bis ins gesunde Holz zurückgeschnitten.

Die Raupen des **Weidenbohrers** und des **Kastanienbohrers**, beides Falter, treten (jedoch nur selten) an verschiedenen Obst- und Laubgehölzen auf. Sie leben oft mehrere Jahre lang in den Ästen.

Auch die Larven des **Glasflüglers**, eines schnakenähnlichen Falters, leben im Inneren der Triebe von Johannisbeeren, Stachelbeeren und Himbeeren. Als Folge sterben die Triebe ab. Die befallenen Triebe sollten tief und ohne Aststummel zurückgeschnitten und vernichtet werden.

Rosentriebbohrer

Der **Zweigabstecher** gehört zur Familie der Rüsselkäfer. Die Weibchen fressen die Triebspitzen von Obstbäumen an, bis sie abknicken. Dort werden dann die Eier abgelegt. Die Larven dringen ins Mark der nun welkenden Triebe ein. Zur Bekämpfung werden die abgeknickten Triebe herausgeschnitten und vernichtet.

Auch die Larve des **Haselnussböckchens**, eines Käfers, lebt im Inneren der Triebe und verursacht deren Welken. Welkende Triebe an Haselnusssträuchern sollten daher im Sommer ausgeschnitten werden.

Welken junge oder auch geschwächte Obstbäume und sterben die Äste teilweise ab, sollte man überprüfen, ob sich in der Nähe von Verzweigungen kleine Löcher befinden (bei Steinobst mit Gummiaustritt). Wenn ja, ist der Verursacher der **Obstbaumsplintkäfer**, der unter der Rinde Gänge angelegt hat. Befallene Pflanzenteile sind zu entfernen und zu vernichten, beziehungsweise die Rinde im betroffenen Bereich abzulösen und die Tiere zu entfernen.

Starker **Blattlausbefall** an jungen Trieben kann Verkrüppelungen verursachen. Kaliseifelösung hat eine gute Wirkung, vorausgesetzt es wird an einem regenfreien Tag, am besten morgens, tropfnass gespritzt.

Zeigen sich nahe den Triebspitzen von Nadelgehölzen kleine schuppige Verdickungen, die aussehen wie eine kleine Ananas und später verholzen, so sind dies von **Gallenläusen** (z. B. Fichtengallenlaus) verursachte Wucherungen. Werden die Gallen möglichst früh und möglichst gründlich entfernt, lässt sich der Befall im Allgemeinen ausreichend begrenzen.

Lichtgrüne Stellen an den Blättern die sich später ausbeulen und rötlich oder braun verfärben, und die teilweise mit Missbildungen der Triebe einhergehen, werden von **Gall- und Pockenmilben** verursacht. Diese winzigen Tiere verursachen vor allem an Stauden und Gehölzen Schäden.

Die Fichtengallenlaus lebt wirtswechselnd auf Fichte und Lärche. Deshalb sollte man beide Bäume nur mit großem Abstand pflanzen.

Gallmilben an Eschen verursachen auch das Einrollen der jungen Blätter nach unten. Die Triebspitzengallmilbe befällt den Buchsbaum, die Spitzenblättchen kräuseln sich, und die Endknospen sterben ab. Schwefelpräparate wirken gegen Milben befallsmindernd, gegen Gallmilben sollten sie am besten eingesetzt werden, wenn diese bei Austrieb die neuen Blätter oder Knospen besiedeln. Allerdings werden auch Raubmilben durch Schwefel geschädigt.

Gallen an den Blättern können auch durch **Gallwespen** verursacht sein, wie das beispielsweise bei bestimmten Blattgallen an Eichen der Fall ist. Eine Bekämpfung ist in der Regel nicht notwendig oder möglich.

Die **Buchsbaumgallmücke** lässt die Blattoberseite gelblich gefleckt erscheinen, auf der Blattunterseite findet man beulige Gallen, in denen sich gelbrote Gallmückenlarven befinden. Wenn möglich, befallene Blätter entfernen, Rückschnitt befallener Triebe und das Schnittgut vernichten.

Witterungsschäden

Schäden an den Trieben durch tiefe **Winterfröste** treten vor allem an empfindlichen Arten oder Sorten auf. So vertragen Apfel und Kirsche in der Regel tiefe Wintertemperaturen bis zu -25 °C, ohne dass Frostschäden am Holz auftreten. Birnen und viele Pflaumensorten sind aber empfindlicher, und Pfirsich und Weinrebe gedeihen bei uns fast nur im Weinbauklima.

Die Frostresistenz ist zwar genetisch bedingt, kann jedoch durch bestimmte Pflegemaßnahmen erhöht werden. Weniger frostempfindlich sind Gehölze, die nicht übermäßig mit Stickstoff ernährt wurden. Ab August sollten Gehölze nicht mehr gedüngt werden, damit das Holz ausgereift in den Winter geht. Bei veredelten Obstgehölzen beeinflusst auch die Unterlage die Empfindlichkeit gegenüber Frösten. Je schwachwüchsiger die Unterlage, desto empfindlicher ist der Obstbaum.

Frost greift zunächst von den Spitzen her an, lässt diese absterben. Aus diesem Grund wird der endgültige Rückschnitt bei Rosen nicht im Herbst, sondern erst im Frühjahr durchgeführt. Eine Mulchdecke oder Anhäufeln schützt vor starken Temperaturschwankungen im Wurzelbereich und bewahrt die Veredelungsstelle vor direkter Frosteinwirkung. Geeignete Materialien sind beispielsweise Laub, Stroh, Rindenmulch und Reisig. Im Frühjahr wird die Mulchdecke wieder entfernt.

Hochstämmchen von empfindlichen Rosen oder anderer empfindlicher Gehölze werden vor Wintereintritt vorsichtig umgebogen, am Boden festgehakt (eventuell die Wurzeln auf der abgewandten Seite vorsichtig etwas lockern) und 15–20 cm hoch mit lockerer Erde bedeckt. Ist das Umbiegen nicht möglich, wird die Krone mit Stroh, trockener Holzwolle o. ä. gefüllt und mit Fichtenreisig umgeben. Gemüsebeete

Hagelschäden sehen zwar im Augenblick schlimm aus, verwachsen sich aber oft in kurzer Zeit.

(auch im Gewächshaus) können durch das Bedecken mit Vlies oder gelochter Folie, kurzfristig auch mit Papier oder Strohmatten vor allzu starken Frösten oder Spätfrösten geschützt werden.

Oft ist es nicht die tiefe Temperatur, sondern **Frosttrocknis**, die besonders Nadelgehölze und andere Immergrüne schädigt. Ist der Boden im Frühjahr noch durchgefroren, die Sonne bescheint aber schon intensiv die oberirdischen Pflanzenteile, so dass Wasser über die Blätter oder Nadeln verdunstet wird, können die Wurzeln dem einsetzenden Saftstrom kein Wasser nachliefern. Der Schaden wird meist zu spät, nämlich im Frühjahr, wenn die Triebe oder der ganze Baum vertrocknet sind, festgestellt. Vorbeugen kann man mit ausreichender Bewässerung im Herbst. An sonnigen Tagen mit Dauerfrost sollten vor allem junge Nadelgehölze und solche in Trögen bewässert und/oder schattiert werden.

Schnee wirkt zwar einerseits wie eine Mulchdecke, aber eine dicke Decke mit nassem Schnee hat auch ein enormes Gewicht, welches zu Schneebruch führen kann. Davon sind besonders Nadelgehölze und andere Immergrüne betroffen. Eine schwere Schneedecke sollte vorsichtig abgeschüttelt oder abgekehrt werden.

Große Schäden an Trieben, Blättern, und Früchten können durch **Hagel** verursacht werden. Ist der Garten von einem Unwetter betroffen gewesen, bleibt nur das Entfernen aller abgebrochenen Pflanzenteile, verletzter Früchte und von allem, was sonst nicht wieder heilen kann. Bruchstellen werden mit Messer oder Säge sauber begradigt und mit Wundverschlussmitteln versorgt.

Ein schwacher bis mäßiger **Wind** ist eher positiv zu sehen, sorgt er doch für ein rascheres Abtrocknen der Pflanzen und verringert damit die Gefahr des Pilzbefalls. Dauerwind an windexponierten Standorten wird jedoch nicht von allen Pflanzen vertragen. Beispielsweise kümmern sie, weil sie die ständige mechanische Beanspruchung nicht vertragen oder die Triebe verdorren wegen der austrocknenden Wirkung.

Gefährlich sind Sturmböen, wie sie häufig ein Gewitter einleiten. Apfelsorten auf schwachwachsender Unterlage und andere wenig standfeste Bäume benötigen von der Pflanzung an eine lebenslange Stütze.

Schäden am Stamm

Frostschäden am Stamm

Frostrisse und **Frostplatten** an Stämmen treten im Spätwinter (Februar/März) an sonnigen Tagen mit gleichzeitigem Dauerfrost auf. Die Nordseite des Stammes bleibt auch tagsüber gefroren, während sich die Südseite durch die bereits intensive Sonneneinstrahlung (besonders bei Schnee wegen der Rückstrahlung) erwärmt und tagsüber auftaut. Nachts gefriert auch die Südseite wieder. Die Gewebespannungen aufgrund der Temperaturunterschiede können zum Aufreißen der Stämme (Frostrisse) führen. Außerdem gibt die Südseite tagsüber mehr Wasser ab, als der Stamm nachleiten kann, was sogenannte Frostplatten entstehen lässt.

Bei empfindlichen Gehölzen empfiehlt sich im Winter ein Schutz vor Sonneneinstrahlung.

Frostrissen und Frostplatten kann vorgebeugt werden, wenn die Erwärmung der Südseite durch einen Weißanstrich oder das Umwickeln der Stämme mit Matten verhindert wird. Diese Methoden werden vor allem bei Obstgehölzen angewandt. Früher wurde für den Weißanstrich einfach Kalkbrühe verwendet, heute gibt es im Handel verschiedene Fertigpräparate, die meist noch andere pflegende und stärkende Eigenschaften haben. Lockere Rindenteile werden jeweils vor dem Auftragen mit einer Bürste oder einem Baumschaber abgelöst.

Treten trotz vorbeugender Maßnahmen Frostrisse auf, müssen diese baldmöglichst glatt und sauber geschnitten und mit einem Wundverschlussmittel versorgt werden. Jüngeren Bäumen wird außerdem noch ein Verband um den Stamm gelegt, damit sich der Riss nicht noch weiter öffnen kann.

Gummifluss

Gummifluss (Gummosis) ist eine physiologische Erkrankung des Steinobstes. Betroffen sind vor allem Kirschen, Pfirsiche und Aprikosen. Der Gummifluss kann an Stämmen, Ästen, Fruchtstielen und Früchten erscheinen. Befallene Äste werden einseitig in ihrem Dickenwachstum gehemmt. Tritt durch den Gummifluß eine Gefäßverstopfung ein, kann dies während heißer Witterung zum Absterben einzelner Äste oder ganzer Bäume führen.

Die Ursache für den Gummifluss ist die Umwandlung bestimmter Gewebekomplexe in Gummi. Ausgelöst werden kann dies durch die Erbanlage einer Sorte, extrem tiefe Wintertemperaturen, schlecht durchlüftete Böden, Wunden, Unverträglichkeit zweier Pfropfpartner und zu starke Schnittmaßnahmen. Aber auch Infektionen mit

Gummifluss beim Steinobst kann zahlreiche Ursachen haben, die es zu finden und zu beheben gilt.

verschiedenen Viren, Bakterien, Pilzen sowie tierische Schädlinge können Gummifluss auslösen.

Eine direkte Bekämpfung ist nicht möglich. Früh erkannte Schadstellen können bis ins gesunde Holz ausgeschnitten werden. Vorbeugend ist der Standort hinsichtlich Bodenqualität und Wintertemperaturen optimal zu wählen, Schnittmaßnahmen müssen sachgerecht durchgeführt werden. Nur verträgliche Partner dürfen veredelt, Krankheiten und Schädlinge müssen rechtzeitig und sachgemäß bekämpft werden.

Obstbaumkrebs

Der Obstbaumkrebs ist eine durch den Pilz *Nectria galligena* verursachte Krankheit an Apfel- und Birnbäumen. Meist zeigen sich anfangs kleine, dunkle Flecken an Blattnarben oder Hagel- und Schnittwunden, da hier die Infektion erfolgt. Später findet man an Zweigen und am Stamm eingesunkene, ab-

Beim „Wurm" in der Kirsche handelt es sich um die Made der **Kirschfruchtfliege**. Die Fliege legt ihre Eier in die heranwachsende Kirsche. Aus dem Ei schlüpft die Made, die sich in der Kirsche entwickelt.

Gemeinschaftliche Aktionen mit Kirschfruchtfliegen-Fallen (beleimte Gelbtafeln) können den Befall mindern. Die Fallen werden, sobald die Kirschen anfangen, gelb zu werden, in die Südseite des Baums oder in einen anderen Baum südlich des Kirschbaumes gehängt. Die Fliegen werden von der gelben Farbe angelockt und bleiben an der beleimten Falle kleben. Vorbeugend sollten Kirschbäume immer komplett abgeerntet werden.

Bei dem „Wurm" in der Pflaume handelt es sich entweder um die Larve des **Pflaumenwicklers** oder der **Pflaumensägewespe**. Von Mai bis Juni zeigen sich an jungen Früchten ein bis zwei Bohrlöcher. Sie fallen ab, im Innern sind sie ausgehölt von der weißlichen Larve der Pflaumensägewespe. Abgefallene Früchte sollten sofort beseitigt werden.

Reifen die Früchte ab Juni bis September frühzeitig, haben sie ein Bohrloch mit einem Gummitropfen und fallen die Früchte vorzeitig ab, findet man im Innern die rötliche Larve des Pflaumenwicklers samt ihrer zahlreichen Kotkörner. Auch in diesem Fall sollten abgefallene Früchte sofort beseitigt und vernichtet werden (nicht auf den Kompost). Gegen den Pflaumenwickler kann eine *Trichogramma*-Schlupfwespe eingesetzt werden.

Von Mai bis Juni können junge Früchte von der Raupe des **Frostspanners** angefressen werden. Als Folge vernarben die Früchte oder fallen ab. Kirschen werden löffelartig ausgehöhlt. Auch der Frostspanner kann mit einem *Bacillus-thuringiensis*-Präparat biologisch bekämpft werden.

Kirschfruchtfliege bei der Eiablage in die reifende Frucht

Schadbild und Raupe des Frostspanners

Die wichtigsten Probleme im Gemüsegarten

Tomaten

Magnesiummangel

Schadbild
Ältere Blätter hellen sich zwischen den Blattadern auf. Sie sind oft dicker und spröder. Die Aufhellung beginnt vom Blattrand her, entlang der Hauptadern bleibt das Gewebe grün. Magnesiummangel tritt insbesondere bei zu niedrigen pH-Werten und übermäßiger Kaliversorgung auf.

Vorbeugende Maßnahmen
Alle 3 bis 5 Jahre sollte eine Bodenuntersuchung zur Feststellung des Phosphat-, Kali- und Magnesiumgehaltes, sowie des pH-Wertes gemacht werden, einschließlich einer Düngeempfehlung. Nur so ist eine Nährstoffversorgung entsprechend dem Bodenvorrat und Pflanzenbedarf möglich.

Direkte Bekämpfung
Wird ein Magnesiummangel festgestellt, verabreicht man nach Bedarf bis 5 g Bittersalz (16 % MgO) pro m^2.

Kraut- und Braunfäule

Schadbild
An Blättern, Stängel und Früchten bilden sich braune Flecken. Das Furchtfleisch verhärtet und wird braunfaul. Diese Pilzkrankheit tritt vor allem bei Freilandtomaten auf, da sich der Pilz nur auf feuchten Pflanzen ansiedeln kann.

Mit Überdachung wird das Problem Braunfäule im Tomatenanbau gelöst. Außerdem gibt es tolerante Sorten.

Vorbeugende Maßnahmen
Tomaten überdachen, unter hochgestellten Frühbeetfenstern oder im Kleingewächshaus anbauen. Nicht über die Pflanzen sondern nur in den Wurzelbereich gießen. Im Gewächshaus reichlich lüften. Nicht zu eng pflanzen. Durch Ausgeizen der Seitentriebe und Entfernen der untersten Blätter (maximal aber etwa 40 cm hoch) für eine gute Belüftung sorgen. Tomaten und Kartoffeln nicht in enger Nachbarschaft pflanzen. Alle diese Maßnahmen beugen auch anderen Pilzerkrankungen der Tomate vor.

Schadbild der Braunfäule an Tomaten

Direkte Bekämpfung
Kranke Blätter sofort entfernen. Bei hohem Befallsdruck eventuell bei feuchter Witterung Kupferoxychloridpräparate verwenden.

Samtfleckenkrankheit

Schadbild
Blattoberseits zeigen sich gelbliche Flecken, darunter blattunterseits zunächst grünlicher, dann samtartig brauner Pilzmyzelbelag. Befallene Blätter vertrocknen. Tritt vor allem in schlecht gelüfteten Kleingewächshäusern auf.

Kohlfliege

Schadbild
Die Pflanzen kümmern, verfärben sich bleigrau und welken. Sie lassen sich leicht aus dem Boden herausziehen. An den Wurzeln findet man weiße Maden und später braune Tönnchenpuppen.

Vorbeugende Maßnahmen
Natürliche Feinde wie Laufkäfer, Schlupfwespen u. a. schonen und fördern. Keinen frischen Stallmist verwenden, da dieser die Fliegen anlockt. Um die Kohlfliegen an der Eiablage an den Wurzelhals zu hindern, Beete sofort nach der Pflanzung mit Insektenschutznetzen oder -vliesen überspannen. Etwas aufwändiger ist das Anlegen von Kohlkrägen.

Direkte Bekämpfung
Kranke Pflanzen samt Maden entfernen (nicht auf den Gartenkompost).

Kohlkragen aus Pappe verhindern den Befall durch die Kohlfliege.

Kulturschutznetze sind die beste Vorbeugungsmaßnahme gegen zahlreiche Schädlinge - nicht nur bei Kohl.

Großer und Kleiner Kohlweißling, Kohlmotte, Kohleule u. a.

Schadbild
Raupenfraß an Blättern und teilweise auch im Innern von Kohlköpfen. Fensterfraß (die Blattoberschicht bleibt vorhanden) oder Lochfraß.

Vorbeugende Maßnahmen
Pflanzen regelmäßig auf Eigelege und Raupen untersuchen und diese zerdrücken oder absammeln (nicht mit Eiern von Nützlingen verwechseln: Marienkäfer haben gelbe, glänzende Eier, die in Gruppen von 5 bis 20 abgelegt werden, die Eier des Großen Kohlweißlings sind längsgerieft). Beete sofort nach der Pflanzung mit Insektenschutznetz oder -vlies bespannen.

Direkte Bekämpfung
Einzelne Raupen absammeln. Nester ausschneiden. *Bacillus-thuringiensis*-Präparate helfen gegen die Raupen von Kohlweißlingen, Kohlmotte und andere freifressende Raupen, nicht aber gegen Eulenraupen.

Sonstiges

Schwarzbeinigkeit und ähnliche Krankheiten an Keimlingen im Saatbeet können durch ausreichende Aussaatweite, optimale Keimbedingungen hinsichtlich Substratqualität, Temperatur, Licht und Wasser sowie durch rechtzeitiges Pikieren vermieden werden. Sortenwahl entsprechend der Anbauzeit (Hinweise zu den Sorteneigenschaften findet man im Katalog oder auf der Saatgutpackung).

Bekämpfung von **Erdflöhen** wie bei Rettich und Radieschen.

Kohljungpflanzen sind besonders **schneckengefährdet**.

Rettich, Radieschen

Beinigkeit, Holzigwerden, Hohlwerden, Pelzigkeit

Schadbild
Diese Erscheinungen sind auf ungünstige Standort- und Kulturbedingungen zurückzuführen. Auf schweren, verdichteten Böden bildet der Rettich keine schöne Form aus, sondern wird „beinig" und verfärbt sich. An ungünstigen Standorten wird er auch schärfer. Trockenheit während der Knollenausbildung führt zum Hohlwerden.

Die Neigung zur Pelzigkeit bei Radieschen ist zwar sortenbedingt, wird aber durch Hitze und Trockenheit begünstigt.

Vorbeugende Maßnahmen
Für optimale Standort-, Keim- und Kulturbedingungen sorgen. Radieschen, die nicht zum Pelzigwerden neigen, sind 'Rudi' (ganze Freilandsaison) sowie 'Riesenbutter' (Sommeranbau) u. a.

Rettichschwärze

Schadbild
Die Rettichknolle ist eingeschnürt und darunter trockenfaul. Die Krankheit wird durch einen Pilz verursacht.

Vorbeugende Maßnahmen
Weitgestellte Fruchtfolge einhalten (keine Kreuzblütler nach Kreuzblütlern). Für guten, lockeren, durchlässigen Boden sorgen. Nicht zu viel kalken (der pH-Wert sollte nicht über 7 liegen). Verseuchte Flächen meiden. Als widerstandsfähig gelten die Rettichsorten 'Münchner Bier', 'Münchner Treib', 'Rex' u. a.

Direkte Bekämpfung
Keine.

Rettiche und ebenso Radieschen sind bei Kohlfliegenbefall von braunen Fraßgängen durchzogen.

Rettichfliege, Große und Kleine Kohlfliege

Schadbild
Kümmerwuchs, Blattverfärbungen und Welken der Pflanzen sind ein Hinweis auf den Befall mit Rettichfliegen oder Kohlfliegen. Fraßgänge an Rettich- und Radieschenknollen sind meist dunkel verfärbt.

Vorbeugende Maßnahmen
Fruchtwechsel. Keinen frischen Mist verwenden. Beete nach der Pflanzung sofort mit Insektenschutznetzen oder -vliesen überspannen, damit die Fliegen ihre Eier nicht ablegen können. Keine Kohlstrünke auf den Beeten stehen lassen.

Direkte Bekämpfung
Kranke Pflanzen samt Maden entfernen (nicht auf den Gartenkompost).

Kopfsalat, Eissalat, Endivie u. a., Spinat, Feldsalat

Falscher Mehltau

Schadbild
An Kopf-, Pflück-, Schnittsalat, Spinat und Feldsalat auf der Blattoberseite gelbliche Flecken. Blattunterseits ein grauweißer Pilzrasen. Befallene Pflanzen vergilben und sterben ab. Die Krankheit tritt vor allem bei feuchter Witterung oder in Gewächshäusern mit hoher Luftfeuchtigkeit und Taubildung auf.

Vorbeugende Maßnahmen
Widerstandsfähige Sorten anbauen, z. B. Spinat: 'Napoli', 'Emilia', 'Dolphin' und 'Lazio'. Feldsalat: 'Vit', 'Favor', 'Juwabel'. 'Elan'. Kopfsalat: 'Susana', 'Britney', 'John' (Gewächshaus). Eissalat: 'Silvinas', 'Lerinas'.

Nicht zu eng pflanzen. Nicht über die Pflanzen gießen, sondern zwischen die Reihen in den Wurzelbereich. Im Kleingewächshaus auch im Winter an frostfreien Tagen viel lüften, zu starke Stickstoffdüngung vermeiden.

Direkte Bekämpfung
Kranke Pflanzen entfernen.

Pilzliche Salatfäulen, Grauschimmelfäule u. a.

Schadbild
Blätter und Stängelgrund faulen mit grauem Pilzüberzug (*Botrytis*). Die Blätter welken von außen, der Wurzelhals und die unteren Blätter faulen mit weißem Pilzrasen und darin 1 mm große schwarze Dauerkörper (*Sclerotinia*-Fäule), Faulen der auf dem Boden aufliegenden Blätter, Blattgewebe dünn, färbt sich braun und schwarz (*Rhizoctonia*-Schwarzfäule).

Vorbeugende Maßnahmen
Fruchtwechsel. Salat eher hoch pflanzen (z. B. auf Dämme), weiter Pflanzabstand, nicht über die Pflanzen gießen, sondern zwischen die Reihen in den Wurzelbereich, im Kleingewächshaus häufig lüften und Taubildung vermeiden, Erntereste vom Beet entfernen.

Direkte Bekämpfung
Kranke Pflanzen entfernen und vernichten (nicht auf den Gartenkompost).

Salatwurzellaus

Schadbild
Wachstumsstörungen. Pflanzen kümmern und welken bei Hitze. An den Wurzeln saugen zahlreiche mit weißlichem Wachs bedeckte Läuse. Es handelt sich hierbei um wirtswechselnde Läuse (Zwischenwirte sind Pappeln).

Vorbeugende Maßnahmen
Natürliche Gegenspieler schützen und fördern. Dies sind Laufkäfer, Raubwanzen, Schlupfwespen, Spinnen u. a.

Boden feucht (aber nicht nass!) halten, Wurzelläuse bevorzugen trockenen Boden. Beete nach der Ernte sorgfältig abräumen. Keinen Salatanbau in der Nähe von Pappeln oder wurzellaustolerante Sorten anbauen (Eichblattsalat 'Sirmai').

Direkte Bekämpfung
Befallene Pflanzen möglichst bald ernten. Eventuell mit einem Rapsölpräparat direkt an den Wurzelhals der Pflanzen sprühen.

Neue Salatsorten sind meist gegen zahlreiche Pilzkrankheiten sowie Blattläuse resistent.

Blattläuse

Schadbild
Das Saugen der Blattläuse schwächt die Pflanzen. Blattläuse sind außerdem Überträger von Viruskrankheiten.

Vorbeugende Maßnahmen
Natürliche Feinde fördern und schützen, wie Marienkäfer, Florfliegen, Schwebfliegen, Gallmücken, Schlupfwespen u. a. Windoffene Lagen bevorzugen. Nicht zu stark düngen (nicht zu viel Stickstoff). Pflanzen vor Kopfbildung auf Blattläuse kontrollieren und eventuell behandeln.

Direkte Bekämpfung
Kaliseifepräparat spritzen. Im Kleingewächshaus bei Anfangsbefall Nützlinge aussetzen, bei stärkerem Befall erst mit Kaliseifepräparat reduzieren und dann Nützlinge einsetzen.

Sonstiges

Salat kann außerdem an **Virosen** erkranken (Salatmosaikvirus, Breitadrigkeit, Gurkenmosaikvirus). Das zeigt sich in einer Deformierung oder Scheckung der Blätter und die Pflanze bildet keinen Kopf. Virustolerante Kopfsalatsorten sind beispielsweise 'Ovation' und 'Gisela'. Salatjungpflanzen sind besonders **schneckengefährdet**.

Der **Blattrandbrand** ist eine Erscheinung, die bei plötzlichem Witterungsumschwung von trüb zu starker Sonneneinstrahlung auftreten kann. Die Blattränder werden braun und trocken, weil die Wurzeln nicht so viel Wasser nachliefern können, wie oben verdunstet. Dagegen hilft vorbeugendes Schattieren. Zusätzlich sollte man erwägen, eine Bodenuntersuchung machen zu lassen, um festzustellen, ob der Salzgehalt im Boden nicht eventuell zu hoch ist und die Wurzeln dadurch geschädigt werden.

Zwiebeln, Lauch, Schnittlauch, Knoblauch

Zwiebelfliege

Schadbild
Junge Pflanzen fallen um, bei älteren Pflanzen vergilben die Blätter. In den Zwiebeln findet man weißliche Maden. Herzblätter lassen sich herausziehen. Sie sind am Grunde weichfaulend. An Schnittlauch, Lauch, Knoblauch.

Vorbeugende Maßnahmen
Natürliche Feinde (Schlupfwespen, Raupenfliegen, Laufkäfer und Spinnen) fördern. Am sichersten ist es, die Beete mit Insektenschutznetzen oder -vliesen zu überspannen. Keinen frischen Stallmist auf die Beete, da die Fliegen davon angezogen werden.

Offene, luftige Lagen wählen. Mischkultur mit Gelben Rüben. Stärkung der Pflanzen und Abwehr durch Kräuterpräparate.

Direkte Bekämpfung
Erkrankte Pflanzen sofort vom Beet entfernen und samt Maden vernichten (nicht auf den Gartenkompost).

Porreerost

Schadbild
Ab Juni zahlreiche längliche, rötliche Flecken mit Sporenlagern auf den Blättern, bei Lauch und Schnittlauch.

Vorbeugende Maßnahmen
Beete vom Vorjahr sorgfältig abräumen. Lockeren Pflanzabstand. Nicht über die Pflanzen gießen. Vorbeugend Pflanzenstärkungsmittel (Schachtelhalmbrühe u. a.).

Direkte Bekämpfung
Keine.

Die Mischkultur mit Gelben Rüben beugt dem Befall durch die Zwiebelfliege vor.

Fusarium-Fäule

Schadbild
An Knoblauch. Oberirdisch welkt das Laub, die Knoblauchzehen sind rosa oder braun verfärbt.

Vorbeugende Maßnahmen
Fruchtwechsel. Vorsichtig pflanzen, damit die Zehen unverletzt bleiben, da der Pilz über Wundöffnungen in die Pflanze eindringt.

Lauchmotte

Schadbild
Helle Minen auf den Blättern, in denen kleine, gelblichweiße Raupen fressen. Schabefraß und Fraßgänge bis in das Herz hinein. An Lauch, Schnittlauch und Zwiebeln.

Vorbeugende Maßnahmen
Natürliche Feinde wie Raupenfliegen, Schlupfwespen, Fledermäuse und Vögel schützen und fördern. Windoffene Lagen für den Anbau wählen. Insektenschutznetze oder -vliese über die Beete spannen.

Direkte Bekämpfung
Einzelne Raupen absammeln. Stärker befallene Blätter abschneiden und Raupen vernichten.

Blasenfüße, Thripse

Schadbild
Blätter weiß gesprenkelt. Bei genauem Hinsehen erkennt man die 1 mm langen Thripse. An Lauch, Zwiebeln u. a., vor allem bei warmer Witterung.

Vorbeugende Maßnahmen
Nützlinge wie Florfliegen und Raubwanzen fördern und schonen. Fruchtwechsel.

Sonstiges

Weitere häufigere Krankheiten sind **Falscher Mehltau** (*Peronospora destructor*) und **Botrytis-Fäule** (Bekämpfung siehe bei Salat).

Es ist verbreitet, das Zwiebellaub zur Erzwingung einer früheren Erntereife niederzutreten. Diese Maßnahme führt jedoch zu höheren Ausfällen bei der Lagerung. Mit der Ernte sollte man warten, bis das Laub von selbst umfällt. Notfalls kann man die Zwiebeln vorsichtig mit der Grabgabel anheben, wodurch die Wurzeln vom Boden getrennt werden und das Laub beginnt einzuziehen.

Gelbe Rübe, Sellerie, Petersilie

Beinigkeit

Schadbild
Die Gelbe Rübe bildet keine schöne Form aus, sie verzweigt sich. Diese Erscheinung tritt auf bei schlechter Bodenstruktur und verdichteten Böden sowie bei Stallmistgaben kurz vor Kulturbeginn.

Vorbeugende Maßnahmen
Gelbe Rüben auf leichten, humosen Böden anbauen. Schwere lehmige Böden meiden oder entsprechend verbessern. Gute Bodenvorbereitung vor der Kultur.

Direkte Bekämpfung
Keine.

Für Kinder ganz lustig - aber sonst unerwünscht: Beinige Rüben.

Pelzfäule

Schadbild
Im Herbst an den Rüben weiße, pelzartige Überzüge mit kleinen, schwarzen Überdauerungskörpern. Die Krankheit breitet sich im Lager aus.

Bei Sellerie liegen die Blätter flach am Boden, die Knolle ist mit einem weißen Pilzbelag mit schwarzen Sklerotien überzogen.

Vorbeugende Maßnahmen
Fruchtwechsel. Vor dem Einlagern sorgfältig auslesen. Der Boden darf nicht zum Vernässen neigen. Auf eine ausgewogene Düngung achten.

Direkte Bekämpfung
Keine.

Möhrenfliege

Schadbild
Die Blätter vergilben und welken. In den Rüben findet man schmale, rötliche Fraßgänge von Maden der Möhrenfliege. Bitterer Geschmack. Die Krankheit tritt auch an Petersilie und Sellerie auf.

Vorbeugende Maßnahmen
Anbau in freien, windoffenen Lagen. Weite Fruchtfolge einhalten. Keinen frischen Mist ausbringen. Mischkultur mit Zwiebeln, besser noch Knoblauch. Abwehrende Kräuterpräparate können helfen. Am sichersten ist das Überspannen der Beete mit einem Insektenschutznetz oder -vlies ab Aussaat oder Pflanzung.

Direkte Bekämpfung
Kranke Pflanzen entfernen. Madige Rüben, Sellerie oder Petersilie gehören nicht auf den Gartenkompost.

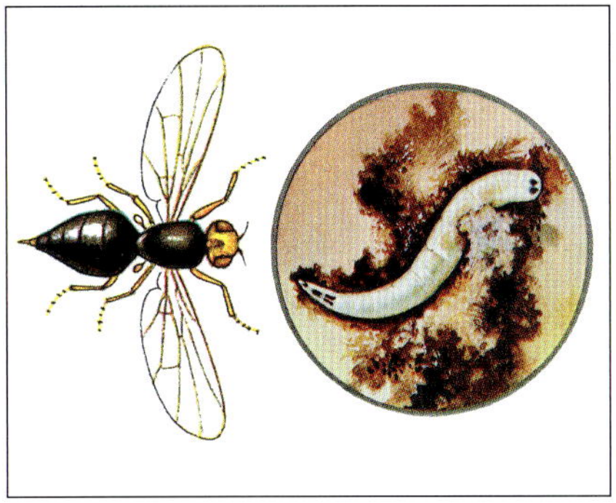

Die Möhrenfliege legt ihre Eier in der Nähe der Rüben ab. Die Larven schlüpfen und verursachen im Rübenkörper kotgefüllte, rostbraune Fraßgänge.

Braun verfärbte Fraßgänge, verursacht durch die Larven der Möhrenfliege

Sonstiges

An Gelben Rüben, Sellerie und Petersilie können noch andere **Pilzkrankheiten** auftreten (Schwarzfäule, Möhrenschwärze, Möhrenblattrandbrand, violetter Wurzeltöter u.a.). Für die Bekämpfung gilt dasselbe wie bei der Pelzfäule.

Schaden durch Wurzelnematoden (links). Dagegen helfen Hygiene, Fruchtfolge, gute Humusversorgung und die Aussaat von Tagetes.

Ist die Rübe vom Herzblatt ausgehend ausgefressen, handelt es sich um die Fraßgänge der Raupe der **Möhrenmotte**. Hier hilft am besten das Überspannen der Beete mit Insektenschutznetzen oder -vliesen ab der Aussaat oder Pflanzung.

Auch **Drahtwürmer** fressen gerne die Rüben an. Sie sind die Larven eines Schnellkäfers. Sie können mit halbierten, rohen Kartoffeln (Schnittstelle nach unten in den Boden drücken) abgefangen und beseitigt werden.

An Sellerie und Petersilie treten manchmal **Blattfleckenkrankheiten** (*Septoria* u. a.) auf. Dagegen hilft: Weite Fruchtfolge einhalten und widerstandsfähige Sorten (z. B. Knollensellerie 'Mars', 'Bergers weiße Kugel') wählen.

Erbse und Bohne

Kälteschäden

Schadbild
Verbräunungen an den Blatträndern und Blattoberseiten junger Pflanzen. Wuchshemmungen und Absterbeerscheinungen. Vor allem an Buschbohnen bei Temperaturen unter 2 °C.

Vorbeugende Maßnahmen
Nicht zu früh aussäen und nicht in spätfrostgefährdeten Lagen anbauen.

Direkte Bekämpfung
Abdecken mit Vlies oder Folie, wenn Spätfrostgefahr besteht.

Brennfleckenkrankheit

Schadbild
An Erbse und vor allem Buschbohne. Keimlinge sterben ab, Jungpflanzen fallen um. An Blättern, Samen und Hülsen runde dunkle eingesunkene Flecken. An Stängeln längliche Flecken. Verursacht wird die Krankheit durch einen Pilz.

Vorbeugende Maßnahmen
Fruchtwechsel. Widerstandsfähige Sorten anbauen: 'Golddukat', 'Cobra', 'Marga' u. a. (am besten mit gleichzeitiger Widerstandsfähigkeit gegenüber Viren).

Direkte Bekämpfung
Keine.

Kälteschäden an der Bohne

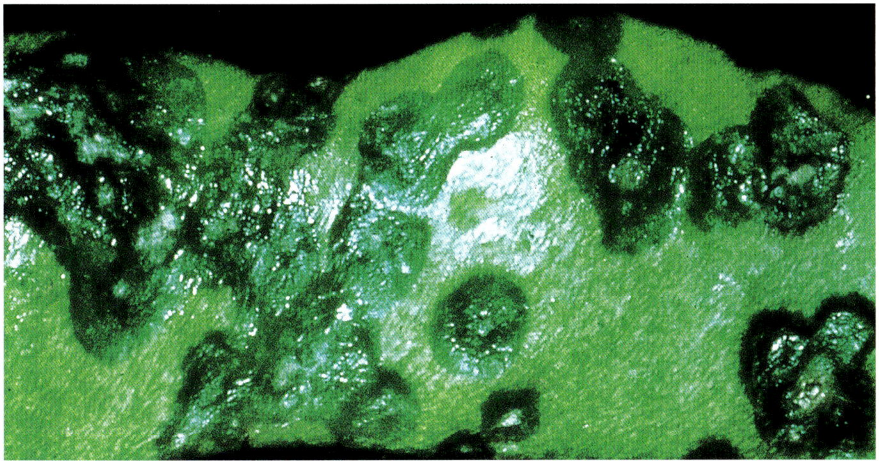

Fettfleckenkrankheit der Bohne, hervorgerufen durch den Pilz Pseudomonas phaseolicola.

Bohnenrost

Schadbild
Diese Pilzkrankheit tritt vor allem an Stangenbohnen auf. Man findet rotbraune oder schwarze, punktförmige Sporenlager auf den Blättern.

Vorbeugende Maßnahmen
Weite Fruchtfolge einhalten. Desinfektion der Stangen oder des Aufbindematerials. Beete sorgfältig abräumen. Nicht zu dicht säen oder pflanzen. Nicht über die Pflanzen gießen. Vorbeugend Stärkungsmittel wie Schachtelhalm-Brühe einsetzen.

Direkte Bekämpfung
Erste kranke Blätter entfernen, damit sich die Krankheit nicht weiter ausbreiten kann.

Schwarze Bohnenlaus

Schadbild
Vor allem an den Triebspitzen Läusekolonien mit massenhaften schwarzen Läusen. Die Blattlausart überwintert an Pfaffenhütchen und Schneeball.

Vorbeugende Maßnahmen
Natürliche Blattlausfeinde fördern.

Direkte Bekämpfung
Erste Kolonien zerdrücken. Ansonsten Kaliseife- oder Rapsölpräparate anwenden. Im Gewächshaus Nützlinge einsetzen.

Bohnenfliege

Schadbild
Ausfälle bei der Keimung, besonders bei kühlem Wetter. Die Bohnenfliege legt ihre Eier an die Samen oder Keimlinge im Boden, die dann von den ausschlüpfenden Maden zerfressen werden. Befallen werden neben Bohnen auch Erbsen, Spinat u. a.

Vorbeugende Maßnahmen
Keinen frischen Mist auf die Beete geben. Nicht zu früh in nassen, kalten Boden säen. Überspannen der Beete mit Insektenschutznetz oder -vlies sofort nach der Aussaat.

Direkte Bekämpfung
Befallene Pflanzen vernichten.

Spinnmilben

Schadbild
Feine, zunächst fleckenweise, später großflächige Aufhellungen auf den Blättern. An der Blattunterseite saugen punktgroße Tiere und man findet feine Spinnweben. Befällt viele Pflanzenarten. Verbreitung durch Luftzug und Werkzeuge.

Vorbeugende Maßnahmen
Natürliche Feinde fördern und schützen (Raubmilben, Raubwanzen, Spinnen u. a.). Bohnenstangen nach Gebrauch desinfizieren (z. B. durch eine Flamme ziehen). Beete im Gewächshaus sorgfältig abräumen. Gewächshaus innen säubern. Pflanzen nicht zu stark düngen. An trockenheißen Tagen im Gewächshaus mittags sprühen.

Direkte Bekämpfung
Befallsherde entfernen. Mehrmaliges Spritzen mit einem Kaliseifepräparat. Im Kleingewächshaus Nützlinge einsetzen (Raubmilbe *Phytoseiulus persimilis*).

Sonstiges

An Erbsen treten manchmal **Fußkrankheiten** auf, d. h. die Pflanzen welken und sterben ab. Der Stammgrund und die Wurzeln sind dunkelbraun verfärbt. Zur Vermeidung sollte man eine weite Fruchtfolge einhalten. Eine Bekämpfung ist nicht möglich.

Dagegen gibt es gegen **Viren**, den **Erbsenmehltau** und den **Falschen Mehltau** an Erbsen widerstandsfähige beziehungsweise unempfindliche Sorten.

Sind die Erbsenblätter vom Rand her durch kleine **Rüsselkäfer** (Blattrandkäfer) befressen, bleibt nur das Absammeln am frühen Morgen, wenn die Tiere noch kältestarr und langsam sind, oder man ignoriert sie einfach, weil sich der Befall kaum auf den Ertrag auswirkt.

Die wichtigsten Probleme im Obstgarten

Apfel

Stippe

Schadbild
Beim Aufschneiden findet man über das Fruchtfleisch verteilt braune Flecken, manchmal auch auf der Schale. Verursacht wird diese Erscheinung durch Kalziummangel in der Frucht. Als anfällige Sorten gelten 'Boskoop', 'Cox Orange', 'Glockenapfel', 'Goldparmäne', 'Gravensteiner' u. a.

Vorbeugende Maßnahmen
In der Regel ist es nicht ein zu niedriger Kalziumgehalt des Bodens, der dafür verantwortlich ist, sondern ein gestörter Kalziumtransport in der Pflanze bei Bodentrockenheit sowie Überdüngung mit Stickstoff und Kali.

Vorbeugend sollte alle 3 bis 5 Jahre eine Bodenuntersuchung gemacht und nach deren Ergebnissen gedüngt werden (vor allem nicht zuviel Stickstoff und zuviel Kali düngen).

Eine ausgewogene Wasserversorgung stellt sicher, dass Kalzium überhaupt aufgenommen und in der Pflanze transportiert werden kann. Der Sommerschnitt soll die „Nährstoffkonkurrenten Triebe und Blätter" einschränken.

Direkte Bekämpfung
Ist Stippigkeit zu befürchten, können ab Ende Juli 3 bis 4 Spritzungen im Abstand von 10 Tagen mit Kalziumchlorid direkt auf die Früchte durchgeführt werden.

Feuerbrand an Blättern und Trieben mit den typisch herabhängenden Triebspitzen

Feuerbrand

Schadbild
Die Triebspitzen biegen sich um und sterben ab. An ihnen sitzen dunkelbraune bis schwärzliche Blätter. Die schwärzlichen Blüten und die Fruchtmumien bleiben bis zum Winter am Baum hängen. Auf Trieben und Früchten erscheinen je nach Witterung schleimige Tröpfchen (Bakterienschleim).

Vorbeugende Maßnahmen
Anfällig Sorten wie 'Cox Orange', 'Ingrid Marie', 'Jonathan', 'Klarapfel' u. a. regelmäßig kontrollieren.

Schnittwerkzeuge, die an anderen anfälligen Pflanzenarten wie Birne, Quitte, Stranvaesie, Weiß-/ Rotdorn, Mehlbeere sowie großblättrigen Cotoneastern eingesetzt wurden, vorher desinfizieren (70 %-iger Alkohol) oder mit Alkohol abflammen.

Direkte Bekämpfung
Das Auftreten der Krankheit oder der Verdacht ist unter Angabe der Pflanzenart und des Standortes den zuständigen Pflanzenschutzdienststellen zu melden und Gegenmaßnahmen mit ihnen abzusprechen.

Sind nur einzelne Triebe befallen, diese mindestens 30 cm tief ins gesunde Holz zurückschneiden. Stark befallene Pflanzen sofort roden und wo erlaubt verbrennen.

Feuerbrand an Früchten und Blättern bei Zierapfel

Schadbild Obstbaumkrebs

Gut ausgelichtete Bäume verringern den Befall durch Fruchtfäule

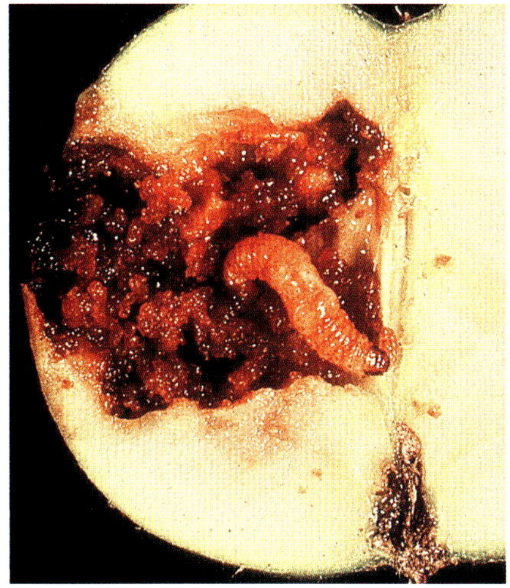

Apfelwickler-Made in der Frucht

Obstbaumkrebs

Schadbild
Zunächst zeigen sich dunkle Flecken an Blattnarben oder Wunden. Später findet man an Zweigen und am Stamm eingesunkene, abgestorbene Rindenpartien und offene Wunden, die bei älteren Pflanzen mit Umwallungsgewebe umgeben sind oder geschlossene Wucherungen.

Vorbeugende Maßnahmen
Staunasse Böden meiden oder vor der Pflanzung dränieren. Besonders auf nassen Böden auf die anfälligen Sorten 'Berlepsch', 'Cox Orange', 'Gloster', 'James Grieve', 'Klarapfel', 'Oldenburg' und 'Ontario' verzichten. Ausgewogene Düngung, vor allem nicht zuviel Stickstoff.

Direkte Bekämpfung
Frühzeitiges Ausschneiden aller Befallsstellen mindestens 15 cm tief und die Wunden danach sorgfältig mit Wundverschlussmittel behandeln.

Monilia-Fruchtfäule, Polsterschimmel, Schwarzfäule

Schadbild
An den Früchten zeigen sich braune Faulstellen, auf denen sich kreisförmig angeordnet graue Pilzpolster bilden. Diese Früchte fallen ab oder bleiben als Mumien bis zum nächsten Jahr am Baum hängen.

Auch wenn Äpfel während der Lagerung schwarz werden mit einer ledrigen Haut, ist dies auf eine *Monilia*-Infektion zurückzuführen.

Vorbeugende Maßnahmen
Der fachgerechte Obstgehölzschnitt sorgt für eine bessere Belüftung der Bäume und beugt so Pilzkrankheiten vor.

Fruchtmumien und Fallobst sollten regelmäßig entfernt werden, damit von hier aus der Befall nicht weiter fortschreiten kann.

Direkte Bekämpfung
Keine empfehlenswerten Maßnahmen.

Apfelwickler

Schadbild
In befallenen Früchten findet man einen Fraßgang mit braunen Kotkrümeln und einer rötlichen, etwa 15 mm langen Raupe, meist im Kerngehäuse, falls die Larve die Frucht nicht bereits wieder verlassen hat, um sich zu verpuppen. Befallene Früchte fallen meist vorzeitig ab.

Vorbeugende Maßnahmen
Fallobst regelmäßig aufsammeln und verwerten. Die Raupen nicht mit den ausgeschnittenen Äpfeln auf den Kompost geben.

Apfelwicklerfallen (mit Lockstoff), die ab Mai in Windrichtung in den Baum gehängt werden, mindern den Befall und helfen bei der Feststellung des Eiablagetermins.

Ende Mai Obstmaden-Fanggürtel (Wellpappen-Fanggürtel) um die gefährdeten Bäume in einer Höhe von etwa 20–40 cm über dem Boden anbringen und daraus regelmäßig verpuppungswillige Raupen, die sich dort verstecken, absammeln.

Direkte Bekämpfung
Spritzung mit *Granulosevirus*-Präparat zur Eiablagezeit, kurz vor dem Raupenschlupf. Die Flugzeit kann mit einer Apfelwickler-Pheromonfalle ermittelt werden. Eine andere biologische Bekämpfungsmethode ist das Ausbringen von *Trichogramma*-Schlupfwespen zur Eiablagezeit der Falter (auch gegen Apfelschalenwicklerraupen).

Sonstiges

Der **Apfelmehltau** wird durch regelmäßiges Ausschneiden befallener Triebspitzen bekämpft. Zusätzlich können wiederholte, vorbeugende Spritzungen mit Pflanzenstärkungsmitteln helfen. Notfalls können auch Schwefelpräparate eingesetzt werden. Dabei ist jedoch zu bedenken, dass diese auch Raubmilben schädigen.

Blutlauskolonien werden mit scharfem Wasserstrahl ausgespritzt. Von Blutläusen verursachte Krebswucherungen werden bis ins gesunde Holz ausgeschnitten.

Blattläuse können durch Behandlungen beispielsweise mit Kaliseife-Präparaten bekämpft werden.

Gegen den **Kleinen Frostspanner** werden von Ende September bis Mai Raupenleimringe um den Stamm gelegt, um die kriechenden Weibchen vor der Eiablage abzufangen.

Bei Auftreten von **Raupen** (Frostspanner, Apfelgespinstmotte, Ringelspinner u. a.) kann mit einem *Bacillus thuringiensis*-Präparat gespritzt werden.

Gegen die **Obstbaumspinnmilbe** kann ein Rapsöl- oder Paraffinölpräparat als Winter- oder Austriebsspritzung eingesetzt werden. Auf vorbeugende Winterspritzungen mit Ölpräparaten oder giftigen Pilzmitteln, ohne dass im Vorjahr ein Befall mit einem entsprechenden Schädling oder einer Krankheit festgestellt wurde, sollte aus heutiger Sicht verzichtet werden.

Birne und Quitte

Frostschaden

Schadbild
Um die breiteste Stelle der Frucht zieht sich ein brauner, meist verkorkter Ring.

Vorbeugende Maßnahmen
Dieses Schadbild tritt in Jahren mit ungünstigem Witterungsverlauf auf. Allgemein sollte man für den Birnenanbau spätfrostgefährdete Lagen meiden.

Direkte Bekämpfung
Droht Spätfrost, wenn möglich Baum mit Vlies schützen.

Steinfrüchtigkeit

Schadbild
Unter der Schale befinden sich kleine grüne Flecken, in der Frucht später verhärtete Stellen. Die Früchte verkrüppeln. Ursache kann ein Virus oder Bormangel sein.

Vorbeugende Maßnahmen
Um Viruskrankheiten vorzubeugen, sollte nur virusgetestetes Pflanzenmaterial aus der Baumschule verwendet werden. Bei Verdacht auf Bormangel eine Bodenanalyse auf Bor machen lassen.

Direkte Bekämpfung
Für Viruskrankheiten gibt es keine Heilmöglichkeiten. Gegen Bormangel helfen spezielle Bordünger.

Schorf

Schadbild
Blätter und Früchte mit rundlichen, dunklen, später verkorkenden Flecken. Frühzeitiger Laubfall. Die Früchte bleiben kleiner, werden rissig und verkrüppelt. Bei Birnen

Birnenschorf an der Frucht

blättert die Rinde an den Trieben ab. In diesen Wunden findet man schwarzbraune Pilzsporen.

Vorbeugende Maßnahmen
Anfällige Sorten meiden. Dies sind beispielsweise bei Äpfeln 'Boskoop', 'Cox Orange', 'Goldparmäne'. Wenig anfällig bzw. resistente Apfelsorten sind 'Jacob Fischer', 'Prinz Albrecht von Preußen', 'Danziger Kantapfel', 'Re'-Sorten aus Dresden-Pillnitz, 'Piros', 'Katja' u. a.

Wenig schorfanfällige Birnensorten sind 'Bunte Julibirne', 'Salzburger Birne', 'Harrow Sweet', 'Madame Verte', u. a.

Abgefallenes Laub entfernen und mindestens 1 Jahr kompostieren. Fachgerechten Obstbaumschnitt. Pflanzenstärkungsmittel vorbeugend anwenden.

Direkte Bekämpfung
Schwefelpräparate nur im Notfall einsetzen, da diese Raubmilben (die natürlichen Feinde der Obstbaumspinnmilbe) schädigen.

Birnengitterrost

Schadbild
Auf der Blattoberseite leuchtend orangerote Flecken, später auf der Blattunterseite warzenähnliche Gebilde. Ursache ist ein wirtswechselnder Pilz, der auf verschiedenen Wacholderarten überwintert.

Vorbeugende Maßnahmen
Anfällige Wacholderarten *(Juniperus sabina, J. chinensis, J. scopulorum, J. virginiana)* und -sorten nicht in die Nachbarschaft von Birnen pflanzen (Sortenliste Seite 36).

Kranke Pflanzenteile am Wacholder (spindelartige Triebverdickungen mit orangefarbenen, weichen Polstern) tief ausschneiden oder ganze Pflanze entfernen.

Pflanzenstärkungsmittel (Schachtelhalmbrühe u. a.) können vorbeugend gespritzt werden.

Direkte Bekämpfung
Erste befallene Blätter eventuell entfernen. In der Regel hat der Befall wenig Auswirkung auf den Ertrag.

Wird der Winterwirt (Wacholderarten) beseitigt, kann die Birne nicht mehr befallen werden (allerdings können die Sporen durch den Wind bis zu 500 m weit übertragen werden).

Birnenpockenmilbe

Schadbild
Ab April zeigen sich an den Blättern der Birne rötliche, blasige Pocken, die durch die Saugtätigkeit winziger Milben hervorgerufen werden.

Vorbeugende Maßnahmen
Raubmilben schonen, indem man möglichst wenig Schwefelpräparate spritzt.

Makroaufnahme der Sporenträger vom Birnengitterrost an der Frucht

Feuerbrand an Birne

Direkte Bekämpfung
Eine direkte Bekämpfung ist äußerst selten notwendig. Nur bei extrem starkem Befall im Vorjahr ist eine Voraustriebsspritzung mit einem Ölpräparat oder die Anwendung eines Schwefelpräparates beim Knospenschwellen zu empfehlen.

Sonstiges

Feuerbrand kann außer Apfel auch Birne, Quitte und verschiedene Ziersträucher befallen. Schadbild und Bekämpfung siehe Apfel Seite 35.

Wühlmäuse werden am effektivsten mit Fallen bekämpft. Fallen und auch Köderpräparate gegen Wühlmäuse werden am besten in den Wintermonaten eingesetzt.

Kirsche und anderes Steinobst

Aufplatzen der Süßkirschen

Schadbild
Die fast vollreifen Kirschen platzen nach starken Regenfällen meist im Anschluss an eine Trockenperiode auf. Dies ist nicht auf die mechanische Wirkung des Regens zurückzuführen, sondern die Früchte saugen sich mit Wasser voll, bis die Haut aufreißt.

Vorbeugende Maßnahmen
Relativ platzfeste Süßkirschensorten sind u. a. 'Lapins', 'Oktavia', 'Viola', 'Regina'.

Direkte Bekämpfung
Wenn möglich, gefährdete Bäume mit einer Folienkonstruktion überspannen.

Röteln der Süßkirsche

Schadbild
Die gerade erbsengroßen Kirschen färben sich vorzeitig rot, danach braun und werden im Juni abgeworfen. Die genauen Ursachen sind noch nicht eindeutig geklärt. Besonders anfällig sind z. B. die Sorten 'Schneiders Späte' und 'Stella'.

Vorbeugende Maßnahmen
Das Röteln ist nicht die Folge einer Krankheit oder eines Schädlingsbefall, sondern eine physiologische Erscheinung (vermutlich schlechte Nährstoff- und Wasserversorgung der Früchte, fehlgeleitete Hormonbildung). Vorbeugend ist für eine harmonische Nährstoff- und Wasserversorgung während und nach der Blüte zu sorgen.

Direkte Bekämpfung
Bei gefährdeten Sorten Blattspritzung mit Blattdüngern nach der Blüte.

Platzende Kirschen nach Regen

Schrotschusskrankheit

Schadbild
Blattflecken verursachende Pilzkrankheit an Kirschen, Zwetschgen, Mirabellen, Pfirsichen u. a. bei regnerischem Frühjahr. An den Blättern zeigen sich kleine rötliche oder braune Blattflecken mit rotem Rand, die später ausfallen, so dass das Blatt durchlöchert aussieht.

Bei starkem Befall werden die Blätter ab Ende Juni/Anfang Juli abgeworfen. Auch Früchte und Triebe können befallen werden.

Vorbeugende Maßnahmen
Mit offenem Standort und fachgerechten Schnittmaßnahmen für eine gute Belüftung des Baumes sorgen. Fruchtmumien und krankes Laub immer entfernen.

Direkte Bekämpfung
Krankes Falllaub und hängengebliebene Früchte entfernen. Stark befallene Triebe ausschneiden. Bei starkem Befall im nächsten Frühjahr vor der Blüte evt. ein Kupferpräparat verwenden (Zulassung prüfen).

Monilia an Steinobst

Schadbild
Vor allem bei Sauerkirschen vertrocknen die Blüten und die Triebe von der Spitze her. Bei Süßkirschen sterben die Fruchtspieße ab. Die Infektion mit dieser „Blütenfäule und Spitzendürre“ erfolgt bei regnerischem Wetter über die Blüte.

Besonders an Kernobst aber auch an Steinobst kann Monilia auch an den Früchten als Fruchtfäule mit den typischen Schimmelpolstern auftreten. Die Infektion erfolgt über Verletzungen.

Vorbeugende Maßnahmen
Windoffenen Standort wählen. Standortangepasste Sortenwahl. Durch fachgerechten Schnitt für eine gute Belüftung und ein rasches Abtrocknen sorgen.

Fallobst und Fruchtmumien regelmäßig entfernen. Pflanzenstärkungsmittel einsetzen (Wirkung ist aber unsicher).

Direkte Bekämpfung
Befallene Triebspitzen werden sofort bis ca. 15 cm tief in das gesunde Holz zurückgeschnitten. Befallene Früchte entfernen, damit von hier aus nicht im nächsten Jahr eine Neuinfektion eintritt.

Kirschfruchtfliege

Schadbild
Die Früchte wirken glanzlos mit bräunlichen, eingesunkenen Stellen in Stielnähe. Im Innern der Frucht befindet sich eine 0,5 cm lange, weißliche Made, die Larve der Fruchtfliege. Befallene Früchte fallen oft vorzeitig ab.

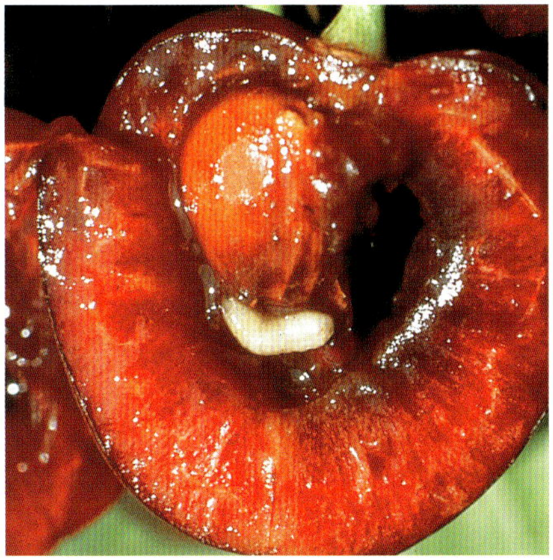

Made der Kirschfruchtfliege in der reifen Frucht

Gelbtafeln können einen Teil der Kirschfruchtfliegen abfangen.

Vorbeugende Maßnahmen
Da die Eiablage in die sich gelb färbende Früchte erfolgt, können die Fliegen zu dieser Zeit mit Kirschfruchtfliegenfallen abgefangen werden.

Diese beleimten Gelbtafeln werden im südlichen Baumbereich oder südlich des gefährdeten Baumes in einen anderen Baum gehängt. Die gelbe Farbe lockt die Fliegen an und sie bleiben am Leim kleben.

Direkte Bekämpfung
Sind die Maden einmal in den Früchten, kann das nicht mehr rückgängig gemacht werden. Damit der Befall im nächsten Jahr nicht wieder auftritt, sollten die Bäume immer komplett abgeerntet und Fallobst entfernt werden.

Sonstiges

Die **Schwarze Kirschenblattlaus** verursacht eingerollte, gekräuselte Blätter und verkrüppelte Triebspitzen. Außerdem produziert sie große Mengen an Honigtau, auf diesem siedeln sich Schwärzepilze an.

Die **Blattläuse** können gut mit nützlingsschonenden Kaliseifepräparaten bekämpft werden.

Ausgehöhlte junge Kirschen weisen meistens auf einen Befall mit dem **Kleinen Frostspanner** hin, der daneben aber auch Blatt- und Blütenknospen sowie Blätter anfrisst. Er kann mit einem *Bacillus-thuringiensis*-Präparat bekämpft werden.

Pflaume, Aprikose, Pfirsich

Narren- oder Taschenkrankheit der Zwetschge

Schadbild
Befallene Früchte wachsen schneller, werden langgestreckt, flach und hohl. Sie sind kernlos. Später werden sie von einem mehlig weißen Belag überzogen. Von dieser Pilzkrankheit werden fast ausschließlich Spätzwetschgen wie die 'Hauszwetschge' befallen.

Vorbeugende Maßnahmen
Fachgerechter Gehölzschnitt sorgt für eine bessere Belüftung des Baumes.

Direkte Bekämpfung
Erkrankte Früchte sofort auspflücken und vernichten. Fallobst entfernen. Stark befallene Triebe ausschneiden.

Taschenkrankheit der Zwetschge

Kräuselkrankheit Pfirsich

Schadbild
Ab April sind die Blätter des Pfirsichbaumes blasig gekräuselt. Sie sind zunächst hellgrün, später rötlich. Auf der Blattunterseite findet man einen mehligen Pilzbelag. Die Triebspitzen können absterben, die Triebe sind gestaucht.

Bei starkem Befall vorzeitiger Blatt- und Fruchtfall. Das Holz reift nicht aus.

Vorbeugende Maßnahmen
Auch gegen diese Pilzkrankheit hilft vorbeugend ein windoffener Standort und ein sorgfältiger, fachgerechter Schnitt, der für bessere Belüftung sorgt und bei dem kranke Triebe und Fruchtmumien entfernt werden.

Pflanzenstärkungsmittel wie Schachtelhalmbrühe können vorbeugend, wie bei anderen Pilzkrankheiten auch, eingesetzt werden.

Kräuselkrankheit am Pfirsich

Direkte Bekämpfung
Erste kranke Blätter auspflücken. Befallene Triebe entfernen. Falls der Befall so nicht unter Kontrolle gebracht werden kann, im nächsten Jahr Kupferpräparate vor dem Austrieb spritzen (Zulassung prüfen).

Die Sorten 'Revita' (Bild) und 'Benedicte' sind weniger anfällig.

Pflaumensägewespe

Schadbild

Junge, noch grüne Früchte haben ein bis zwei Bohrlöcher und fallen vorzeitig ab. Im Inneren sind die Früchte stark zerfressen. Häufig findet man noch die kleinen, weißlichen Larven der Pflaumensägewespe.
An Pflaumen, Zwetschgen, Mirabellen.

Vorbeugende Maßnahmen

Früh- und spätblühende Sorten werden weniger befallen. Natürliche Feinde wie Vögel, Laufkäfer, Raubwanzen, Schlupfwespen und Spinnen fördern.

Frühmorgens können die noch kältestarren Insekten von den Ästen auf ein Tuch geklopft und dann vernichtet werden.

Direkte Bekämpfung

Abgefallene Früchte regelmäßig aufsammeln und vernichten.

Pflaumensägewespe und Larve an Früchten.

Pflaumenwickler

Pflaumenwickler („Made" in der Pflaume)

Schadbild

Früchte reifen vorzeitig und fallen ab. In der Frucht befinden sich dunkle Kotkrümel und eine rötliche Raupe, die Larve eines kleinen Falters.

Befallen werden Pflaumen, Zwetschgen, Mirabellen und Schlehen.

Vorbeugende Maßnahmen

Frühe Sorten sind weniger gefährdet.
Ab Mai Pflaumenwickler-Pheromonfalle aufhängen, vor allem um die Flugzeit festzustellen. Fallobst regelmäßig entfernen.

Direkte Bekämpfung

Abgefallene Früchte sofort vernichten. War in den Vorjahren der Befall hoch, kann die Flugzeit mit einer Pflaumenwickler-Falle festgestellt und im Bedarfsfall (bei mehr als 5 pro Woche gefangenen Pflaumenwickler-Faltern) sofort mit einem Pyrethrum-Präparat gespritzt werden.

Eine biologische Bekämpfungsmöglichkeit ist der Einsatz des Eiparasiten *Trichogramma cacoeciae*.

Sonstiges

Bei Befall mit **Scharka**, einer Viruskrankheit, fallen die Früchte vor der Reife ab. Sie sind von tiefen Rissen durchzogen, das Fruchtfleisch ist gummiartig. In Befallsgebieten sollten Scharka-tolerante Sorten angebaut werden, z. B. 'Hanita' und 'Valjevka', die man von Markenbaumschulen bezieht.

Befallene Bäume müssen entfernt werden (Beratung vom Pflanzenschutzdienst anfordern).

Gummifluss und **Monilia** wie bei der Kirsche.

Beerenobst (Erdbeere, Stachelbeere, Johannisbeere, Himbeere, Brombeere)

Amerikanischer Stachelbeermehltau

Schadbild
Gestauchte Triebspitzen, zunächst weißer, später bräunlicher Belag auf Blättern, Früchten, Triebspitzen weisen auf einen Befall mit diesem Echten Mehltau hin. An Stachelbeere und Schwarzer Johannisbeere.

Vorbeugende Maßnahmen
Bei Neupflanzung widerstandsfähige Sorten wählen (Stachelbeersorten: 'Invicta', 'Rolonda' u. a., Johannisbeeren: 'Titania', 'Josta' u. a.).

Wiederholte, vorbeugende Behandlungen mit Schachtelhalmbrühe u. a. Pflanzenstärkungsmitteln. Stickstoffreiche Düngung vermeiden, da dies die Anfälligkeit erhöht.

Direkte Bekämpfung
Sofortiger Rückschnitt der befallenen Triebspitzen bis in das gesunde Holz. Schnittholz vernichten. Bei starkem Befall in den letzten Jahren vorbeugend ab Austriebsbeginn zugelassene Schwefelpräparate wiederholt einsetzen (diese haben jedoch eine schädigende Wirkung auf Raubmilben).

Stachelbeermehltau. Alte, anfällige Sorten sind im Hausgarten nicht mehr anbauwürdig.

Grauschimmel

Schadbild
Bei Erdbeeren, Himbeeren und Brombeeren werden Blüten oder die Früchte von einem mausgrauen Schimmel bedeckt. Diese Pilzkrankheit tritt vor allem in feuchten Jahren verstärkt auf. Die Infektion geht meist von welkenden oder verwesenden Pflanzenteilen, z. B. den alternden Blütenblättern nach der Blüte aus.

Vorbeugende Maßnahmen
Weitgestellte Fruchtfolge einhalten. Offenen, sonnigen Standort für den Beerenanbau und weniger anfällige Sorten (z. B. Erdbeeren 'Honeoye', 'Kent' u. a.) wählen.

Durch Schnitt, Unkrautjäten und Ausputzen (altes, abgestorbenes Laub entfernen) für luftige Bestände sorgen. Weite Pflanzabstände einhalten. Erdbeeren nach der Blüte mit Stroh mulchen. Nicht mit Stickstoff überdüngen.

Direkte Bekämpfung
Kranke Teile so früh wie möglich entfernen.

Säulenrost der Johannisbeere

Schadbild
Die Blattunterseiten vor allem der Schwarzen Johannisbeere zeigen einen gelbbraunen Rostpustelbelag und die Blätter fallen ab. Verursacher ist ein wirtswechselnder Rostpilz. Am Zwischenwirt schwellen die Äste spindelartig an.

Vorbeugende Maßnahmen
Die Zwischenwirte (Weymouthskiefer und Zirbelkiefer) nicht in die Nähe von Johannisbeeren pflanzen. Kranke Zwischenwirte roden oder zumindest deren kranke Äste entfernen.

Eventuell Pflanzenstärkungsmittel vorbeugend anwenden (Schachtelhalmbrühe u. ä.).

Direkte Bekämpfung
Befallene Blätter beseitigen.

Schadbild der Brombeermilbe an den Früchten

Rutensterben bei Himbeeren

Himbeerkäfer

Brombeermilbe

Schadbild
Die Beeren reifen nicht gleichmäßig aus, bleiben grün-rot-schwarz gescheckt und hart. Schwach befallene Früchte sind nur weniger süß, stark befallene ungenießbar.

Vorbeugende Maßnahmen
Übermäßige Düngung vermeiden. Nach der Ernte Triebe zurückschneiden und Fruchtmumien entfernen.

Gute Erfahrungen wurden mit der vorbeugenden Anwendung von Rainfarn- oder Wermut-Tee im zeitigen Frühjahr gemacht.

Direkte Bekämpfung
Befallene Ranken im Herbst stark zurückschneiden, befallene Früchte abernten und beides vernichten.

Rutensterben der Himbeere

Schadbild
Mehrere pilzliche Erreger können die Ursache für die Himbeerrutenkrankheit sein. An den Trieben zeigen sich dunkle Flecken, die Ruten sterben teilweise oder ganz ab.

Vorbeugende Maßnahmen
Windoffenen, luftigen Standort bevorzugen, Fruchtwechsel. Für unkrautfreie, luftige, nicht überalterte Bestände sorgen.

Entfernen überflüssiger, abgestorbener und abgetragener Altruten. Keine zu starke Stickstoffdüngung. Als widerstandsfähige Sorten gelten 'Schönemann', 'Rote Radboud', 'Malling Admiral', 'Rubaca'.

Direkte Bekämpfung
Befallene Ruten entfernen und vernichten.

Himbeerkäfer, Himbeerwurm

Schadbild
Der kleine, gelbbraune Käfer frisst an den Knospen und Blüten. In den Früchten befinden sich seine gelblichen Larven. Tritt neben Himbeeren auch an Brombeeren auf.

Vorbeugende Maßnahmen
Der Käfer schädigt besonders in schattigen Lagen, diese also meiden. Natürliche Feinde wie Vögel, Spitzmäuse, Igel und Schlupfwespen fördern. Käfer abklopfen (auf Tuch oder in Eimer) und abtöten.

Direkte Bekämpfung
Bei Vorhandensein von Käfern kurz vor und während der Blüte abends mit einem Pyrethrum-Präparat spritzen. Beleimte Leimtafeln mindern den Befall.

Die wichtigsten Probleme im Ziergarten

Rose

Sternrußtau

Schadbild
Unregelmäßige, rundliche oder sternförmige dunkle Flecken mit ausgefranstem Rand auf den Blättern, die dann vergilben und bei Berührung abfallen.

Diese Pilzkrankheit wird durch feuchte Witterung begünstigt. Der Erreger kann in befallenen Blättern und Knospen überwintern.

Vorbeugende Maßnahmen
Vollsonnige, offene Standorte wählen. Nicht über die Blätter gießen.

Widerstandsfähige Sorten wählen. Gegenüber Sternrußtrau, Rosenrost und Echtem Mehltau widerstandsfähig sind alle ADR-Rosen (Rosen mit dem Prädikat „Anerkannt" in der Deutschen Rosenneuheitsprüfung).

Auch der fachgerechte Rosenschnitt ist ein äußerst wichtiger Beitrag zur Gesunderhaltung der Rosen.

Abgefallene Blätter nicht über den Winter liegen lassen. Am besten werden sie regelmäßig aufgesammelt, damit sich Krankheiten nicht weiter ausbreiten können.

Manchmal hilfreich sind auch vorbeugende Behandlungen mit Pflanzenstärkungsmitteln.

Direkte Bekämpfung
Abgefallene Blätter vernichten.

ADR-Rosen wie 'Bonica' sind besonders widerstandsfähig. Solche Sorten auszuwählen, ist bereits eine wichtige Pflanzenschutzmaßnahme.

Echter Mehltau an Rosen

Schadbild
Die Triebspitzen, Knospen und jungen Blätter werden von einem weißlichen Belag überzogen. Die Blätter rollen sich teilweise nach oben.

Vorbeugende Maßnahmen
Siehe Sternrußtau.

Direkte Bekämpfung
Stark befallene Triebspitzen herausschneiden.

Befallsherde mit einem zugelassenen Schwefelpräparat spritzen (nicht zeitnah mit dem Einsatz von Raubmilben oder Schlupfwespen).

Rosenrost

Schadbild
Gelbliche oder rötliche kleine Flecken auf den Blättern mit Sporenpusteln an der Blattunterseite, die sich von Gelb über Braun nach Schwarz färben. Diese Pilzkrankheit überwintert auf den abgefallenen Blättern.

Vorbeugende Maßnahmen
Siehe Sternrußtau.

Direkte Bekämpfung
Kranke und abgefallene Blätter vernichten. Befallene Triebe werden ausgeschnitten.

Blattläuse (verschiedene Arten)

Schadbild
Blattläuse besaugen an Rosen vor allem die Knospen, die Triebspitzen und die Blattunterseiten. Die Knospen verkrüppeln daraufhin häufig, die Triebspitzen krümmen sich und die Blätter werden „wellig".

Befallene Pflanzenteile werden außerdem stark mit Honigtau überzogen, auf dem sich Schwärzepilze ansiedeln können, was wiederum die Pflanze schwächt.

Vorbeugende Maßnahmen
Nützlinge im Garten schonen und fördern. Blattläuse haben viele natürliche Feinde, wie z. B. Marienkäfer, Florfliegen, Schwebfliegen, Schlupfwespen, räuberische Wanzen, räuberische Gallmücken usw.

Direkte Bekämpfung
Erste Kolonien zerdrücken. Häufig wandern die Blattläuse an Rosen bereits im Frühjahr wieder auf andere Pflanzen ab, so dass dann keine Bekämpfung nötig ist.

Ansonsten hilft die Behandlung mit einem nützlingsschonenden Kaliseife-Präparat.

Blattroll-Rosenblattwespe

Schadbild
Die 3–4 mm große Blattwespe legt von Ende April bis Anfang Juni ihre Eier in die Blattränder, worauf sich diese von den Seiten her einrollen. Zu diesem Zeitpunkt findet man in den Blättern noch nichts.

Später schlüpft aus dem Ei eine grünliche, raupenähnliche Larve, die sich von dem Blattgewebe im Inneren der „Blattrolle" ernähren, bis die Blätter absterben. Die Larven sind etwa im Juli ausgewachsen, lassen sich zu Boden fallen, wo sie überwintern und sich verpuppen.

Vorbeugende Maßnahmen
Nützlinge im Garten schonen und schützen.

Direkte Bekämpfung
Eingerollte Blätter sollten möglichst früh entfernt und vernichtet werden.

Sonstiges

Sind die Rosenblätter scheckig aufgehellt, findet man auf der Blattunterseite meist gelblichgrüne Insekten, die **Rosenzikaden**. Bei stärkerem Befall frühmorgens mit einem Kaliseife-Präparat spritzen (vor allem an der Blattunterseite). Die gleiche Bekämpfung gilt auch für einen Befall mit **Spinnmilben**.

Die Larven des **Rosentriebbohrers** leben im Mark der Rosentriebe. Die Triebe müssen bis ins gesunde Holz zurückgeschnitten und vernichtet werden.

Kugelige, haarige Auswüchse („Schlafäpfel") an Trieben und manchmal auch an Blättern werden durch die **Rosengallwespe** verursacht. Ihre Larven leben im Inneren dieser Gallen. Befallene Triebe entfernen.

Standortgerechte Gartenpflanzen wachsen in der Regel problemlos. Mit einem gelegentlichen Pilz- oder Schädlingsbefall werden sie gut selbst fertig.

Laubgehölze

Gefurchter Dickmaulrüssler

Schadbild
Die Blätter sind von den Rändern her „buchtenartig" angefressen. Die flugunfähigen Käfer, die diesen Fraßschaden verursachen, sind nachts aktiv und tagsüber kaum zu finden. Schädlicher als die Käfer sind ihre weißlichen Larven, die im Boden leben und dort an den Wurzeln fressen.

Bei starkem Befall welken die Pflanzen und können absterben. Vor allem an Rhododendron, Azalee, Cotoneaster u. a.

Vorbeugende Maßnahmen
Die Tiere sind flugunfähig und können nur mit Erde und Pflanzen verbreitet werden. Pflanzen samt Wurzeln vor dem Auspflanzen auf Käfer und Larven kontrollieren.

Direkte Bekämpfung
Absammeln der Käfer in den Morgenstunden, solange sie noch kältestarr sind und sich nicht so schnell verstecken können.

Im Frühjahr und Herbst werden die Larven bei Temperaturen über 12 °C mit Nematoden biologisch bekämpft. Die für das Auge nicht sichtbaren, winzigen Fadenwürmer werden in Wasser „gelöst" und mit einer Gießkanne ausgebracht.

Blattvergilbungen durch Eisenmangel

Schadbild
Vor allem bei Rhododendron und Azaleen hellen sich die jüngeren Blätter auf und werden gelb bis weiß. Ursache ist Eisenmangel in den Blättern. Im Boden ist meist genug Eisen vorhanden, das aber wegen eines zu hohen pH-Wertes nicht verfügbar ist.

Werden säureliebende Rhododendren in kalkhaltigen Boden gepflanzt, führt das durch den nicht zusagenden Standort unweigerlich zu Problemen.

Vorbeugende Maßnahmen

Moorbeetpflanzen wie Rhododendron und Azaleen wünschen einen niedrigen pH-Wert, daher vor der Pflanzung eine Bodenuntersuchung machen lassen. Falls der pH über 5 liegt, die Erde mit ungedüngtem Torf mischen (wenn der pH-Wert nur wenig darüber liegt) oder gleich gegen Rhododendronerde oder Torf austauschen.

Auch an anderen Pflanzen kann Eisenmangel aufgrund eines zu hohen pH-Wertes auftreten (über ca. pH 7, Wert jedoch abhängig von Pflanzen- und Bodenart). Daher nur nach den Ergebnissen einer Bodenuntersuchung Kalk zugeben. Moorbeetpflanzen nicht mit kalkhaltigem Gießwasser sondern mit Regenwasser gießen und keine alkalisch wirkenden Dünger verabreichen.

Direkte Bekämpfung

Bei akutem Eisenmangel Eisenchelatdünger verwenden. pH-Wert prüfen.

Wühlmaus

Schadbild

Wühlmäuse fressen an den Wurzeln von Gemüse, Stauden, Rosen, Obstgehölzen und Ziersträuchern sowie an Blumenzwiebeln, Wurzelgemüsen und Kartoffeln. Sie leben in unterirdischen Gängen, die nahe der Erdoberfläche verlaufen. Die Gänge der Wühlmaus sind hochoval, hereinhängende Wurzeln sind abgefressen (im Gegensatz dazu sind die Gänge des Maulwurfs breitoval und die Wurzeln nicht angefressen, da er auf fleischliche Kost spezialisiert ist). Befallene Pflanzen welken und sterben ab.

Vorbeugende Maßnahmen

Als wühlmausvertreibende Pflanzen gelten die Kaiserkrone, die Kreuzblättrige Wolfsmilch und die Hundszunge. Diese Erfahrung kann nicht unbedingt bestätigt werden.

Natürliche Feinde der Wühlmäuse sind Raubvögel (Eulen, Käuzchen u. a.), Wiesel und Hauskatzen.

In gefährdeten Gärten nicht mulchen, da sich die Tiere sonst unbemerkt ausbreiten können.

Verschiedentlich wird auch das Auskleiden der Pflanzgrube mit einem Drahtgeflecht empfohlen, welches oben auch um den Stamm gelegt wird, damit die Wühlmaus nicht an die Wurzeln kommt. Es ist jedoch zu bedenken, dass sich durch diese Maßnahme die Wurzeln nicht so gut ausbreiten können.

Direkte Bekämpfung

Am wirkungsvollsten sind Wühlmausfallen. Sie werden am besten in den Wintermonaten eingesetzt, wenn die Nahrung der Wühlmäuse knapp ist.

Von Wühlmäusen abgefressener Stamm eines jungen Baumes.

Feuerbrand

Schadbild
Diese Bakterienkrankheit tritt an verschiedenen Obstgehölzen auf, aber auch an Rot- und Weißdorn, an Feuerdorn, Mehlbeere (*Sorbus*-Arten), Zierquitte und an großblättrigen *Cotoneaster*-Arten.

Junge Triebe und Blütenstände welken plötzlich, biegen sich um, werden braun, später oft schwarz. Je nach Witterung findet man an den Trieben schleimige Tröpfchen (Bakterienschleim).

Vorbeugende Maßnahmen
Anfällige Pflanzen sind ab der Blüte regelmäßig zu kontrollieren. Bei Schnittmaßnahmen die Schnittwerkzeuge nach Kontakt mit kranken Pflanzenteilen desinfizieren.

Direkte Bekämpfung
Sind nur einzelne Triebe befallen, werden sie mindestens 30 cm tief in das gesunde Holz zurückgeschnitten. Stark befallene Pflanzen müssen gerodet werden.
Die Krankheit ist meldepflichtig.

Feuerbrand an Weißdorn

Schadbild der Sitka-Fichtenlaus.

Nadelgehölze (Fichte, Tanne, Thuja u. a.)

Sitka-Fichtenlaus

Schadbild
Vor allem die Altnadeln werden braun und fallen ab (bei manchen Fichtenarten allerdings kein Nadelfall).

Der Schaden beginnt im Inneren des Baumes und schreitet nach außen fort. An den Nadeln saugen grüne Blattläuse mit rotbraunen Augen.

Vorbeugende Maßnahmen
Bäume regelmäßig auf Befall kontrollieren, damit es nicht erst zu einem Verkahlen von innen kommt. Dazu innere Zweige über weißem Papier abklopfen.

Direkte Bekämpfung
Nützlingsschonendes Kaliseife-Präparat.

Nadelbräune, verschiedene Ursachen

Schadbild
Plötzliches Welken junger Triebe mit anschließender Braunfärbung.

Sonstige Nadelvergilbungen und -verbräunungen (Frosttrocknis, falscher pH-Wert, falsche Nährstoffversorgung vor allem mit Kali, Eisen oder Magnesium, Chloridüberschuss, Schäden durch Streusalz oder Unkrautvernichtungsmittel, Pilzkrankheiten und andere Schädlinge).

Vorbeugende Maßnahmen
Ernährungsfehler und ungeeigneten pH-Wert wird durch regelmäßige Bodenuntersuchung und richtige Düngung vorgebeugt. Keine chloridhaltigen Dünger verwenden! Trockene Standorte bei anhaltender Trockenheit bewässern, staunasse Plätze dränieren. Frosttrocknisschäden mit guter Wasserversorgung im Herbst vorbeugen.

Kein Streusalz in der Nähe von Nadelgehölzen anwenden. Nadelgehölze reagieren empfindlich auf Umweltschadstoffe.

Direkte Bekämpfung
Bei Auftreten von Nadelbräune Klopfprobe über weißem Papier machen, ob Schädlinge die Ursache sind.

Trieb- und Zweigsterben

Schadbild
Einzelne Zweige und Triebe im äußeren Bereich werden braun (scharf begrenzt), während die benachbarten und älteren Triebe gesund erscheinen. Auf den toten Nadeln und Zweigen findet man kleine, schwarze Sporenlager.

Vorbeugende Maßnahmen
Luftige Pflanzweite, damit die Bäume nach Regenfällen schnell abtrocknen können. Dadurch wird der Befall mit Pilzkrankheiten verringert. Gute Standortwahl und Pflege verbessert die Widerstandsfähigkeit.

Direkte Bekämpfung
Erkrankte oder abgestorbene Pflanzenteile herausschneiden.

Nadelholzspinnmilbe

Schadbild
Die Nadeln verfärben sich durch Saugtätigkeit der winzigen Spinnmilben hell, später graubraun. Spinnfäden mit Spinnmilben.

Vorbeugende Maßnahmen
Regelmäßige Kontrollen, damit man mit der Bekämpfung beginnen kann bevor größere Schäden auftreten.

Direkte Bekämpfung
Mehrmalige Behandlungen mit einem Kaliseife-Präparat.

Schildläuse mit Nachwuchs und einigen Woll-Läusen

Schildläuse (verschiedene Arten)

Schadbild
An den Trieben verschieden geformte, höckerartige Schildchen, die sich mit dem Fingernagel abheben lassen. Oft starke Honigtaubildung, gefolgt von Rußtau.

Die Saugtätigkeit der Schildläuse schwächt die Pflanzen und kann zu Wachstumsstörungen führen.

Die Altläuse unter den Schilden sind unbeweglich, Jungläuse wandern und sorgen so für die Ausbreitung.

Vorbeugende Maßnahmen
Gute Standortbedingungen und eine ausgeglichene Pflanzenernährung macht auch Nadelgehölze weniger anfällig für Krankheiten und Schädlinge.

Direkte Bekämpfung
Bei starkem Befall im Vorjahr Voraustriebsspritzung mit einem Paraffinölpräparat.

Fichtengallenläuse

Schadbild
An den Trieben bilden sich kleine, ananasartige Gebilde (Gallen). In diesen leben die Gallenläuse. Vor allem an Rotfichten.

Vorbeugende Maßnahmen
Der Zwischenwirt der wirtswechselnden Fichtengallenläuse ist die Lärche. Daher Fichten und Lärchen möglichst nicht unmittelbar nebeneinander pflanzen.

Direkte Bekämpfung
Frühzeitiges und gründliches Ausschneiden und Vernichten der Gallen ist in der Regel eine ausreichende Bekämpfungsmaßnahme.

Stauden und Sommerblumen

Asternwelke

Schadbild
Astern welken plötzlich, weil ihre Leitungsbahnen zerstört sind. Die Stiele oder der Stängelgrund sind dunkel gefärbt.

Vorbeugende Maßnahmen
Weitgestellte Fruchtfolge einhalten, also nicht mehrere Jahre hintereinander Astern an dieselbe Stelle pflanzen. Nur gesunde Pflanzen verwenden.

Für einen lockeren, durchlässigen Boden sorgen. Nicht eng pflanzen und zu stark düngen. Welke Pflanzenteile und Unkraut entfernen, damit der Bestand gut belüftet ist.

Direkte Bekämpfung
Welke Pflanzen sofort aus dem Bestand entfernen. Keine direkten Bekämpfungsmöglichkeiten.

Schadbild der Asternwelke

Echter Mehltau

Schadbild
Auf Blättern, Blüten und Trieben erscheint ein mehlartiger Belag. Das Gewebe darunter stirbt bald ab. Diese Pilzkrankheit ist bei Astern, Begonien, Chrysanthemen, Rittersporn und vielen anderen Stauden sowie Beet- und Balkonpflanzen ein Problem.

Vorbeugende Maßnahmen
Wo möglich, sollte man mehltauresistente Sorten wählen. Luftige Standweite und im Gewächshaus häufiges Lüften sind weitere, vorbeugende Maßnahmen. Außerdem gehört dazu die Standortwahl entsprechend den speziellen Pflanzenbedürfnissen, eine ausgewogene Düngung sowie eine gute Pflege (regelmäßiges Ausputzen, Unkraut jäten). Vorbeugend kann man Stärkungsmittel einsetzen. Empfohlen werden z. B. Schachtelhalmbrühe, Sachalin-Staudenknöterich u. a.

Direkte Bekämpfung
Kranke Triebe oder stärker befallene Pflanzen ganz entfernen. Befallsherde mit einem zugelassenen Schwefelpräparat spritzen (nicht zeitnah mit dem Einsatz von Raubmilben oder Schlupfwespen).

Pelargonienrost („Geranienrost"), Fuchsienrost

Schadbild
„Geranienrost" tritt relativ häufig an Balkongeranien, aber nur an den Zonale-Arten und -Hybriden auf. Auf der Blattoberseite zeigen sich gelbliche Flecken, auf der Blattunterseite braune Sporenlager.

Auch beim Fuchsienrost findet man die Rostpusteln auf den Blattunterseiten. Die Blätter vergilben und fallen ab. Die Fuchsien verkahlen.

Vorbeugende Maßnahmen
Beim Kauf ist auf gesundes Pflanzenmaterial zu achten. Nicht zu dicht pflanzen, damit die Pflanzen genügend belüftet sind und schnell abtrocknen können. Pflanzen regelmäßig ausputzen.

Nicht über die Pflanzen, sondern nur in den Wurzelbereich gießen. Balkonkästen eventuell überdachen. Pflanzen bedarfsgerecht düngen (nicht überdüngen).

Zwischenwirt des Fuchsienrostes ist das Weidenröschen. Man sollte daher beide Arten nicht unmittelbar benachbart pflanzen.

Direkte Bekämpfung
Erste befallene Blätter entfernen.

Stängelfäule bei Stockmalven, Dahlien, Zinnien u. a.

Schadbild
Zunächst zeigen sich am Stängel weiche Stellen, dann welkt die Pflanze und stirbt ab. Später findet man am Stängel ein weißes Pilzgeflecht und schwarze Sklerotien (Dauerkörper).

Vorbeugende Maßnahmen
Weitgestellte Fruchtfolge einhalten. Nicht zu dicht pflanzen, damit die Pflanzen genügend belüftet sind und schnell abtrocknen können. Pflanzen regelmäßig ausputzen. Nicht über die Pflanzen sondern nur in den Wurzelbereich gießen.

Direkte Maßnahmen
Befallene Pflanzen sofort entfernen. Nicht auf den Kompost geben.

Ein artenreicher Rasen ist das Ziel vieler Gartenfreunde. Während die Blumenwiese sehr schwer zu verwirklichen ist, gibt es keine Rasenprobleme, wenn man Kräuter duldet, die sich von selbst einstellen.

Rasen

Moos im Rasen

Schadbild
Mögliche Ursachen für Moosbildung im Rasen sind Beschattung, Bodenverdichtung, anhaltend zu hohe Bodenfeuchte, falsche Nährstoffversorgung und/oder zu niedriger pH-Wert.

Vorbeugende Maßnahmen
An schattigen Stellen eventuell auf Rasen verzichten und statt dessen schattenverträgliche Bodendecker anpflanzen (z. B. Efeu, Waldmeister, Leberblümchen, Gedenkemein, Schaumblüte u. a.). Wenn Rasen im Schatten, dann nur spezielle Schattenrasen-Gräsermischung aussäen.

Boden gut vorbereiten. Staunasse Standorte dränieren. Zur Moosbildung neigende Rasenflächen ein- bis zweimal jährlich mit einer Stachelwalze behandeln und sanden (gewaschenen Sand ohne Feinteile verwenden), um die Belüftung zu verbessern. Ansonsten sollten zu Moos neigende Stellen wenig begangen oder befahren werden, um eine Erhöhung der Bodenverdichtung zu vermeiden. Nicht zu kurz mähen.

Direkte Bekämpfung
Um vermooste Stellen auszubessern:

- Moos entfernen, aerifizieren (Stachelwalze o. ä.)
- sanden
- Bodenoberfläche auflockern (Rechen)
- Schattenrasen-Gräsermischung nachsäen Samen andrücken (Rechenrücken), bewässern
- fachgerechte Düngung nach Bodenuntersuchung.

Ein häufiges Problem ist Moos im Rasen, macht aber nur optisch ein Problem.

Hexenringe

Schadbild
Der Rasen wird fleckenweise, oft kreisförmig, dunkelgrün bis braun und stirbt nach und nach ab.

Der Boden ist vom wasserabweisenden Pilzgeflecht des Nelkenschwindlings (*Marasmius oreades*) durchzogen. An der Oberfläche erscheinen (meist kreisförmig) die Fruchtkörper (Hutpilze).

Vorbeugende Maßnahmen
Keine Stickstoffdüngung mehr ab August. Staunässe und Bodenverdichtung durch Maßnahmen wie Aerifizieren und Sanden sowie Vertikutieren entgegenwirken.

Direkte Bekämpfung
Fruchtkörper sofort entfernen. Bei kleinerem Befallsherd Boden in diesem Bereich 30 cm tief austauschen und neu aussäen.

Larven der Wiesenschnake

Schadbild
Im Rasen entstehen nesterweise Kahlstellen. Sämlinge laufen lückenhaft auf, ältere Pflanzen werden gelb und sterben ab.

An den Wurzeln und bodennahen Pflanzenteilen fressen bis 4 cm lange raupenähnliche Larven, v. a. in feuchten Gebieten.

Vorbeugende Maßnahmen
Feuchte Flächen dränieren. Natürliche Feinde (Kröten, Spitzmaus, Vögel, Laufkäfer u. a.) fördern.

Rasen im August und September vertikutieren. Rasen vor allem im August und September regelmäßig schneiden.

Direkte Bekämpfung
Abfangen mit halbierten, rohen Kartoffelhälften (Schnittfläche nach unten), Einsatz von nützlichen Nematoden.

Engerlinge im Boden

Unkraut im Rasen

Schadbild
Unerwünschte Pflanzen erscheinen vor allem dann, wenn die Rasenpflege nicht optimal durchgeführt wird und dadurch „Konkurrenzpflanzen" die Möglichkeit zum Keimen und zur Ausbreitung haben.

Wer einen einheitlichen, grünen Rasenteppich wünscht, muss sich darüber klar sein, dass dieser hinsichtlich Pflege (Schnitt, Vertikutieren, Düngung) hohe Ansprüche stellt. Ein gut gepflegter, dichter Rasen lässt andere Pflanzen gar keinen Platz.

Vorbeugende Maßnahmen
Um den „Unkraut"-Druck zu verringern: Etwa zwei Wochen vor der Rasenaussaat den Boden saatfertig vorbereiten und bewässern. An einem sonnigen Tag die gekeimten „Unkräuter" umhacken und in der Sonne vertrocknen lassen. Nun kann der Rasen ausgesät werden. Allerdings darf der Boden nur noch oberflächlich bearbeitet werden, damit nicht neue „Unkraut"-Samen nach oben kommen. Je schneller der Rasen dicht schließt desto weniger Chancen haben Konkurrenzpflanzen.

Förderlich wirkt Bewässern und später auch eine bedarfsgerechte, stickstoffbetonte Düngung für ein zügiges Wachstum. Ein Rasen hat einen hohen Pflegeaufwand.

Direkte Maßnahmen
Wurzelunkräuter wie Löwenzahn ausstechen. Flächig wachsende und filzbildende Unkräuter durch Vertikutieren entfernen. Auf den entstehenden kahlen Flecken Rasen nachsäen damit Unkraut keinen Platz zum Keimen findet.

Engerlinge

Schadbild
Die Larven von Mai-, Juni- oder Gartenlaubkäfern fressen an den Wurzeln. Dadurch kann die Grasnarbe völlig zerstört werden. Das Gras wird braun und trocken.

Vorbeugende Maßnahmen
Rasenflächen aerifizieren (mit Stachelwalzen bearbeiten), bewässern und düngen.

Direkte Bekämpfung
Einsatz von Stachelwalzen. Ausbringen von nützlichen Nematoden.

Selbst gemachte Spritzbrühe

Ackerschachtelhalmbrühe zum vorbeugenden Einsatz gegen Pilzkrankheiten:
1–1,5 kg frisches Kraut (ohne Wurzeln) oder 150–200 g getrocknetes Kraut auf 10 l Wasser einweichen lassen und dann 30 Minuten kochen. Die Brühe 1:5 mit Wasser verdünnen (ein Teil Brühe auf 5 Teile Wasser). Etwa alle 10 Tage vormittags bei trockenem Wetter vorbeugend spritzen.

Beispiele für Handelspräparate

(in Klammern ist der Wirkstoff angegeben)

Neudo-Vital (Stärkungsmittel; natürliche Fettsäuren und Pflanzenextrakte): Vorbeugend zur Erhöhung der Widerstandskraft gegen Pilzkrankheiten.

Naturen Bio-Netzschwefel, Kumulus (Schwefel): Gegen Echten Mehltau. Wegen der schädigenden Wirkung auf Nützlinge (Raubmilben u. a.) nur als letztes Mittel anwenden.

Neudosan Neu (Kaliseife): Gegen saugende Schädlinge wie Blattläuse, Spinnmilben, Sitkafichtenlaus und andere.

Pflanzen-Paral Schädlings-Frei S (Rapsöl): Gegen saugende Schädlinge wie Blattläuse, Spinnmilben, Sitkafichtenlaus und andere.

Schädlingsfrei Naturen (Rapsöl): Zur Bekämpfung von Blattläusen, Spinnmilben, Weiße Fliege und Schildläusen.

Naturen Pflanzenspray Hortex Neu, Bio-Insektenfrei Gartensprayn (Pyrethrine): Gegen saugende Insekten, Spinnmilben, Schildläuse, Weiße Fliegen, Woll- oder Schmierläuse.

XenTari (*Bacillus thuringiensis*): Biologisches Mittel gegen Raupen.

Granupom N (Apfelwickler-Granulosevirus): Biologisches Mittel gegen Apfelwickler.

Bestellset Nützlinge gegen Bodenschädlinge: Biologisches Gießmittel gegen Erdraupen, Dickmaulrüsslerlarven, Reduzierung von Trauermückenlarven, gegen Engerlinge, gegen Wiesenschnakenlarven (*Tipula*), zur Befallsreduzierung der Maulwurfsgrille.

Die Ausbringung

Bei der Verwendung der Mittel, egal ob „biologischer“ oder „herkömmlicher“ Art, sollten die auf der Verpackung angegebene Konzentration und die Anwendungshinweise sowie sonstige gesetzliche Vorschriften eingehalten werden, nicht zuletzt um Pflanzenschäden zu vermeiden.

Soll ein Mittel 1%ig ausgebracht werden, so werden 10 g des Präparates in 1 l Wasser gelöst, entsprechend bei 2 %iger Anwendungskonzentration 20 g in 1 l Wasser. 1‰ entspricht dagegen 0,1%, also 1 g pro Liter Wasser. Gießmittel werden in Wasser gelöst und mit der Gießkanne ausgebracht.

Im Gartenfachhandel werden geeignete Handspritzen und Rückenspritzen in allen Größen, dazu verschiedene Düsen und anderes Zubehör angeboten, für jede Gartengröße und jeden Zweck. Rohrverlängerungen erleichtern das Spritzen von Bäumen, gebogene Spritzrohre und Gelenkdüsen ermöglichen das Behandeln der Blattunterseite. Ein Spritzschirm verhindert das Abdriften des Mittels. Pflanzenbrühen sollten nur durch ein Sieb in das Gerät gefüllt werden, damit Pflanzenreste nicht die Düse verstopfen. Verwendet werden sollten Geräte, die eine gezielte, gleichmäßige und feine Tröpfchenverteilung ermöglichen.

Nützlingsproduzenten

(eine Auswahl)

Nützlinge sind natürliche Feinde, die in Massen vermehrt und gezielt gegen Schädlinge eingesetzt werden. Verschiedene Firmen haben sich auf deren Vermehrung spezialisiert.

Agrinova - Biologische Präparate, Mühlheimer Hauptstraße 13, 67283 Obrigheim

STB Control, Triebweg 2, 65326 Aarbergen (Nützlinge gegen Blattläuse, Hummeln zur Bestäubung von Tomaten)

W. Neudorff GmbH KG, An der Mühle 3, 31860 Emmerthal (Bestellgutscheine für die Nützlinge gibt es im Gartenfachhandel)

Sautter und Stepper, Rosenstr. 19, 72119 Ammerbuch (breites Nützlingsangebot)

Hatto & Patrick Welte GdbR, Maurershorn 18b, 78479 Reichenau (breites Nützlingsangebot)

Eine ausführliche Nützlingsproduzentenliste sowie weitergehende Beratung für Freizeitgärtner erhält man bei der:
Staatlichen Forschungsanstalt für Gartenbau Weihenstephan, Am Staudengarten 8, 85354 Freising, Info Freizeitgartenbau Mi+Do, 9-12 Uhr, Tel. (0 81 61) 71-45 41, Internet: www.hswt.de/fgw

Hinweis:
Alle Angaben in diesem Buch sind sorgfältig geprüft bzw. beruhen auf eigenen Erfahrungen. Eine Garantie für die Richtigkeit, Vollständigkeit und Aktualität kann jedoch nicht übernommen werden. Jede Haftung ist ausgeschlossen.
Beachten Sie bei den Pflanzenschutzpräparaten die aktuell gültigen Zulassungen, Anwendungsvorschriften und sonstige Gesetzgebung. Sie finden diese im Internet unter www.bvl.bund.de

Stichwortverzeichnis

Aus dem Verlagsprogramm

Pflanzenernährung & Pflanzenschutz

Gerhard Heyder

Bodenfruchtbarkeit und Pflanzenernährung

Das Buch vermittelt dem Freizeitgärtner die Kenntnisse, die er benötigt, um das kostbarste Gut seines Gartens für die Zukunft zu bewahren – einen lebendigen, gesunden und fruchtbaren Boden.

21 x 20 cm, 116 S., 149 Farbb.

Euro 19,50

Gartennützlinge – Gartenschädlinge

Bestechende Bilder heimischer Nützlinge und Schädlinge, mit Hinweisen zur Schadensminderung nach ökologischen Gesichtspunkten. Bedeutsam sind v. a. die Darstellungen verschiedener Entwicklungsstadien bei Insekten.

21 x 20 cm, 64 S., 130 Farbb.

Euro 7,50

Obst

Willi Votteler

Altbewährte Apfel- und Birnensorten

Dieses Buch zeigt speziell für den Hausgarten bewährte Apfel- und Birnensorten, die noch in rauen Lagen gedeihen, gut schmecken und nur wenig Pflanzenschutz- und Schnittmaßnahmen benötigen. 33 Apfel- und 15 Birnensorten

21 x 20 cm, 56 S., 47 Farbb.

Euro 4,50

Garten

Dr. Fritz Köhlein

Dauerhafte Gärten durch langlebige Stauden

In diesem umfangreichen und reich bebilderten Buch gibt es Hinweise zu den langlebigsten Arten und Sorten, zu den optimalen Standortbedingungen, zur Verwendung im Garten und zu den geeigneten Begleitpflanzen.

21 x 20 cm, 216 S., 350 Farbb.

Euro 15,00

Die Garten- und Versandbuchhandlung des Obst- und Gartenbauverlages

- Über 2.000 verschiedene Fachbücher
- Modernes Antiquariat
- Qualitäts-Gartenwerkzeuge wie Scheren, Sägen, Messer
- Fachzeitschrift »Der praktische Gartenratgeber«

Obst- und Gartenbauverlag
Herzog-Heinrich-Straße 21 · 80336 München
Telefon (0 89) 54 43 05-14/15 · Fax (0 89) 54 43 05 41
E-Mail bestellung@gartenbauvereine.org
Online-Shop www.gartenratgeber.de/shop

U-Bahnstation Goetheplatz, Parkplätze direkt vor dem Haus
Öffnungszeiten: Mo–Do 8–16.30 Uhr, Fr 8–14 Uhr

Gartenbauvereine
helfen Mensch und Natur!

Die Mitgliedschaft in einem Gartenbauverein eröffnet viele Möglichkeiten die Gartenleidenschaft zu teilen. Gleichzeitig erhalten Sie Informationen zu allen Fragen rund um den Garten.

Kompetenz & Erfahrung
Wir geben unseren Mitgliedern praxisnahe Hilfestellung zur Anlage und Pflege von Gärten. Wir fördern den Erfahrungsaustausch über den Gartenzaun hinweg.

Natur & Familie
Wir sensibilisieren und begeistern auch Kinder und junge Menschen für die Belange der Natur. Wir erhalten die Natur für unsere Kinder als ein lebens- und erlebenswertes Gut.

Gartenkultur & Landespflege
Wir vermitteln Freude am Garten. Wir leisten unseren aktiven Beitrag zur Verschönerung der Dörfer, Gemeinden und Städte durch naturnahe Gärten, Wettbewerbe, Pflanzaktionen und Patenschaften.

Willkommen in einer großen Gemeinschaft

Mehr als 540.000 Mitglieder in über 3.320 Vereinen sind unter dem Dach des Bayerischen Landesverbandes für Gartenbau und Landespflege e.V. zusammengeschlossen.
Nicht nur von anderen fordern, sondern selbst anpacken und mit positiven, nachahmenswerten Beispielen neue Wege aufzeigen, ist unser Erfolgsrezept.

Seit über 100 Jahren treten wir ein für die Förderung von Obst- und Gartenbau, Umweltschutz, Heimatpflege und somit für die gesamte Landeskultur.

Ziel unserer Bildungsarbeit ist es, ein verstärktes ökologisches Verständnis bei möglichst vielen Bürgern zu wecken sowie für die Bewahrung und Förderung der Natur in Garten, Siedlung und Landschaft als »Kulturaufgabe« zu werben. Die Dachorganisation der Gartenbauvereine ist deshalb bemüht, mit praxisnahen Unterlagen in Form von Diaserien, Merk- und Fachblättern, Broschüren sowie der Monatszeitschrift »Der praktische Gartenratgeber« die bestmögliche Beratung zu leisten. Darüber hinaus werden mit Schwerpunktprogrammen und Wettbewerben im ganzen Land wichtige Aktivitäten ausgelöst.

Herzog-Heinrich-Straße 21
80336 München
Telefon
(0 89) 54 43 05 - 0

Fax
(0 89) 54 43 05 34
E-Mail
info@gartenbauvereine.org

Weitere Informationen auch über die Gartenbauvereine in Ihrer Nähe finden Sie im Internet unter: www.gartenbauvereine.org oder fordern Sie unser kostenloses Faltblatt an.